IDENTIFYING CITIZENS
ID Cards as Surveillance

膨張する監視社会
個人識別システムの進化とリスク

ディヴィッド・ライアン
David Lyon
田畑暁生㊡

青土社

膨張する監視社会　目次

膨張する監視社会　個人識別システムの進化とリスク

序章

複数のアイデンティティが空中を漂っていて、そのうちのいくつかは自分の選択によるものですが、その他は周囲から吹き込まれ、押し付けられるものであり、そのため前者を後者から守るために常に警戒する必要があるのです

ジグムント・バウマン（原注1）

「ＩＤ（身分証）を見せていただけますか？」私たちが毎日耳にする言葉だ。慣れてしまって当たり前にしか思わなくなっている。だがあまりにも多くの行動に、ＩＤが関わっていないだろうか？職場に入る時、空港で優先列に加わる時、単にＡＴＭからお金を引き出す時でさえ、身元確認が必要になる。正しいＩＤがなければ、救急医療さえ受けられない。ウェブサイトにはアクセスを拒否され、国境では引き返させられる。本書で私は、新たなＩＤ、とりわけ「国民ＩＤ」導入へと向かいつつある現在の傾向によって引き起こされている問題について概観しようと思う。タイトルに示したように、「身元特定」プロセスと「市民権」、「ＩＤカード」と「監視」には、重大なつながりがあるのだ。

市民の身元は常に確認されてきた。近代以降においては出生届や住民票といった記録や、身分を示す書類などによって、身元特定は合理化された。今日では、マイクロチップを埋め込み、バイオメトリクス（生体認証）や、その他機械で読む形の身元確認を行えるＩＤカードが、時には国民全員が持たされる「国民ＩＤ」として、提案され、推進されているのだ。これはデータベースとも接続され、

組織の側ではより多くの個人情報にアクセスでき、かくして監視が拡大する。機械が読み込む形のIDなどで身元特定のプロセスが変わるだけでなく、政府の情報へ市民が機械でアクセスできることで、市民権の性質自体もまた変わるだろう。

本書は、市民の身元特定というテーマを、歴史、技術、政治、社会学など様々な角度から探究し、この新たなIDシステムが、いかに学術的、倫理的、政策的に緊急の問題を引き起こしているのかを明らかにする。私たち人類が作り上げた、交易や消費が国境を超えて広がる世界は情報通信技術に依存しており、この技術は日常生活の組織化や効率化に利用されている。IDシステムも、さらなる効率化や利便性の向上に、貢献することもあるだろう。しかし同時に、現在の世界に存在する不平等や不公正を温存したり、悪化させたりすることもあり得る。推進者たちが意図していなくても、精妙なメカニズムで、そうなることがあるのだ。冒頭に置いたジグムント・バウマンからの引用にもあるように、人々のIDは、自分で選んだものというより、むしろ他者によって「始められ、拡張された」ものである。したがって本書では、ユビキタスIDの台頭を調査するだけではなく、「常に一番大事なものを、それ以外のものから注意深く守り続ける」ための批判的ツールも紹介する。

今日の新たなID

私自身は国民IDカードを持ったことはないが、市民権を証明するためによく提示を求められる。パスポートを更新する際には、市民権カードを携帯していなくてはならない。カナダから米国に入国する時は運転免許証だけで十分だが、市民権の保証する多くのサービスのためには、パスポートが必要なのだ。市民権を最もよく象徴する瞬間は、空港での入国・出国チェックの時だろう。外国のホテルでもパスポートの提示を求められることがある。レバノンでは、国内でも何度も、軍の検門でパスポートが必要だった。数十年前に、かつて「鉄のカーテン」に遮られていた東欧諸国を訪れた時と同じである。私自身も「国民IDカード」が、いつかどこかで必要になるだろうか？

世界の数十ヶ国で、市民はIDの携行を義務づけられている。(原注2) 例えばフランス国民は、一九四〇年以降、「パピエ」を持たなくてはならない。制度面で多少の違いはあるが、アルゼンチン、南アフリカ、台湾でも、身元を確認する書類が必要となる。そうした国は少なくない。しかしながら、国ごとの違いも重要である。IDカードに対して、市民が誇りを持っているのか、無関心なのか、嫌がっているのか、恐れているのかは、その国の政治状況や、それが使われてきた歴史に、依存している。それが義務なのか自発的なものなのか、常に携行を求められているのか、民間でも（例えば銀行で）利用されているのかは、地域の状況によって決まる。IDが人権にとって極めて重要な国もある。

新たな動きも生じている。世界の多くの国で、現在の電子化されていないカードに代えて新たな国民IDカードシステムを作ったり、デジタルIDシステムを一から築き上げようとしている。パスポートに加えて導入されるので、論争が起きる場合もある。これまで国民IDのなかった国や、戦時のような特殊な時期にのみ導入していた国では、国民がそれに慣れている国と比べて、軋轢が起きやすい。例えば、英国やオーストラリア、さらに日本や韓国でも、スムーズには行っていない。もちろん、歴史的・文化的な背景の違いも心に留めておく必要がある。例えば日本では、IDカードの発行以前に、国家による登録データベースは構築されていた。しかしながら日本では、中国と同じように、そして、英国やオーストラリアとは違って、国民IDシステムの発展は、伝統的に戸籍制度から移行したものだった。さまざまな要素が、国ごとの違いを生み出しているのである。

中国や米国のような、「国民ID」(原注3)システムという考えに比較的抵抗の強い国でも、運転免許制度を基にした類似のシステムが構築中である。二〇〇五年に始まった米国の「リアルID」プログラムがそれだが、似たようなプログラム(米国のこのプログラムと相互運用可能という意味で)は、カナダのケベック州、オンタリオ州、ブリティッシュ・コロンビア州などでも出現している。EDL(拡大運転免許証)というシステムが議題に挙がっているのだ。国民IDに似て市民の情報を含んでおり、米国とカナダの国境を超える時に、パスポートの代用にもなるものだ。

運転免許証にせよ、パスポートにせよ、全国民が所持しているものではない。しかしながら米国では、運転免許証がしばしば、事実上の「国民ID」として機能している。(原注4)しかし運転免許証を持たない人もいる。パスポートも、近代における重要な身分証明の一つで、二〇世紀における人々の移動の増加や、国民国家の領土の強調と、直接に結びついている(その前身は一九世紀あるいはそれ以前に出現しているが)(原注5)。英国では八割の国民がパスポートを所持しているが、カナダでは四割であり、米国では三割に満たない。現在は運転免許証とパスポートが身分証明書の代表格だが、全国民を対象とする「国民ID」システムは、より包括的であり、影響はさらに甚大だろう。

身元を特定することは、監視の出発点である。消費者、労働者、旅行者、犯罪者、そして一般市民などを問わず、あらゆる監視にあてはまる。市民の監視に関する限り、人数を数え、モニタリングし、書類を作成することが、国家権力の源泉をなしてきた。監視のテクノロジーが、パピルスから印刷へ、そして現代の検索可能なデータベースへと変遷するにつれて、その権力の範囲や効果もまた、変容を遂げてきたのだ。バイオメトリクスやＲＦＩＤ（訳注１）によって可能となりつつある、新たな身元特定システムは、ある文脈においては、効率や正確性を高めるだろう。しかし同時に、官僚制や文書システム、パスポートといった、旧来のシステムで問われたものより深刻な問題を提起するのである。

同時に、市民の身元を特定することは、二一世紀の生活における鍵となるテーマであり、その広い文脈を心に留めておくことは重要である。取引や通信、旅行においても、ＩＤに関する書類が通常必要である。自動車を運転するには運転免許証が要る。物やサービスを購入するにはクレジットカードが要る。医療を受けるには「健康カード」が、国境を超えるにはパスポートが必要なのだ。教育、雇用、政府、娯楽、商取引といった、様々な社会的領域で、個人を特定する情報が日常的に蓄積され、記録される。ニコラス・ローズが「アイデンティティの安全化」と呼ぶような一般的な社会プロセスが、自由を行使するためには正しいアイデンティティを証明することを、われわれ全員に求める。（原注６）地球規模での統治のために最も重要なことは、国民ＩＤを含めた新種の身元特定システムの開発かもしれない。

もちろん、近代市民制も身元の特定を前提としている。（原注７）市民の権利を賦与されるためには、官僚制度が各個人を特定していることが求められたのだ。身元が特定されなければ、市民の責任を果たすこと（例えば投票）もできなければ、その権利を享受すること（例えば、外部および内部の脅威から保護される）もない。現代の自由民主主義において、大部分の市民は、国家が個人を特定する装置を用いて収入や状況に関する記録を集めて課税することや、教育や法的支援を受けるのに市民権の証明を求められることを、当然のこととして受け入れている。

二一世紀に入り、とりわけ九・一一テロに伴う衝撃が米国その他を襲って以来、身元特定と監視とはさらに緊密な関係となった。アイズ・セイハンが示すように、このことは大部分、いわゆる「セキュリティ技術」による個人の特定が、行動や関係や嗜好に関する情報だけからではなく、移動や習慣の監視をも利用しているという事実に依っている。(原注8) しかしながら、公的分野だけでなく民間においても、この二つは関連している。「セキュリティ技術」は、インターネット利用や政府サービスの準備や消費者向け広告といった日常的なプロセスを超えた、傾向の現れなのである。

こうした要素全てが、身元特定と監視との関係をより明確にしている。単純化すると、組織が日常的・体系的な形で、個人データに着目しているということである。「国民IDカード」の場合、組織というのは政府で、その目的は、管理の効率を上げ、正当な人々に対して便益・サービスを与え、法の支配および国家の安全を確保する、などといったことだろう。「国民ID」システムは常に、監視という次元を伴ってきた。新しいデジタル監視システムは、旧来の紙ベースの監視と比べて、大きく進化している。これを理解するために私たちは、この新たなシステムを構築しているものが何かを知らなくてはならない。

IDカードとは何か?

まず基本として、IDカードはある特定の人間とデータとを結びつける役割を果たす。ファイル

（レジストリ）に収められたデータへのアクセスを可能にし、新たな取引や通信でデータが発生すれば更新を行う。組織（会社、銀行、政府部局など）と個人の間の相互作用を担う。個人識別番号（ＰＩＮ）や、指紋を筆頭としたバイオメトリクス技術で、個人の知識のチェックにも関わる。（原注９）「国民ＩＤ」カードシステムは、特定の個人について、居住権や福祉を受給する資格、投票権などを確認するデータも収められるだろう。

今日のＩＤカードは、技術的に、多くのタイプがあり、広範囲のデータを含んでいる。テクノロジーは言うまでもなく日進月歩であるので、カードシステムのプラットホーム化は慎重に行わなくてはならない。プラットホームは、多様なアプリケーションやサービスが載る土台であり、ハードウェアについてもソフトウェアについても言われるが、利用者（「国民ＩＤ」の場合には通常は政府）がシステムに期待するものと緊密に結びついている。これから見て行くように、ＩＤカードシステムには共通の性質もあるが、技術の洗練性やスタイルなどの点で多様でもある。例えばフィンランドではスマートＩＤカードを導入しており、「人口登録センター」の発行した「市民証明書」で身元を特定し、課税や投票だけでなく商取引にも利用されている。「市民証明書」は、モバイル機器のＳＩＭカードや、ＶＩＳＡの電子（銀行）カードにも装着し得る。

ＩＤカードシステムにまつわる最大の混乱は、「市民データ」という用語におそらく由来している。政策文書も、メディアの記事も、人々の関心も、カード自体に焦点が当たっている。どんな情報が入っているのか？　安全なものか？　いつ発行されるのか？　しかし真の問題は、カードシステムの中でもヴァーチャルで、目に見える形になりにくい要素である「データベース」にある。本書では短く

「IDカード」と呼ぶけれど、今日の新たなIDカードは、ネットワーク化され、検索可能なデータベースを基にしたシステムであるということは忘れないでいただきたい。カードシステムを駆動し、監視の力を増強させているのは、データベースなのである。市民に関する情報が正しく記録され更新されているか、そして、データベース内の情報のカテゴリー分類（例えば、少なくとも誰かにとっては危険かもしれない、など）が適切かどうかを確認するために、国家の登録データベース（およびそれと同等のもの）が使用されている。

ＩＤカードが、人々を安心させるものか、それとも危険なものかというのが、本書が扱う主要な問題の一つである。二一世紀において、身元特定プロセスは、ほんの数十年前と比べて革新的に変化した。この変化は、検索可能なデータベースやネットワーク通信がなければ考えられないものだが、変化したのはテクノロジーだけにとどまらない。また、ここ三十年間の政治・経済の構造変化によって、国民国家が福祉よりも安全により焦点を当てるようになり、公安や監視といった分野でテクノロジー企業が重要な役割を国家からアウトソーシングされるようになったという事実も非常に重要だが、それだけでもない。グローバル化が加速し、人々の可動性が高まって、国境内外での市民、消費者、労働者の身元特定に新たな課題が生じているが、グローバル化だけに原因を求めるのも間違っている。

要因は複合的で、もつれた糸を解きほぐす必要がある。テクノロジーの影響は、ひとたび社会に現れると、技術領域だけにとどまらず、人々の日常のふるまいやありさまを変えてしまう。デジタルを使った取引では、新たな説明責任の形式が必要になり、電子的なコミュニケーションへの反応は年齢集団によって違っている。(原注10) 政治・経済の構造変化や、政府内での「福祉」から「安全」への重点のシフトによって、テクノロジー企業が以前より重要な役割を果たすようになり、問題解決にテクノロジーの力が役に立つという文化的信念が根強く存在している。グローバル化時代も、単純ではない。可動性が高まることは身元特定問題を引き起こすが、それも不均衡な形でであり、異なった場所、異なった集団においては異なった「解決策」が提案される。

これら以外も含めて様々な要因が、行政や法執行やビジネスの分野における新たな身元特定技術の発展を促進し、各技術は、リスクと安全という連続線のうちのどこかに位置づけられる。これでも事態を単純化し過ぎているかもしれない。この連続線自体もまた、人によって解釈が異なり、ＩＤカードのような複合的な技術は、様々な異なった反応を同時に呼び起こすのだ。その重要な理由の一つとして、アイデンティティや身元特定の概念やプロセスについての混乱がある。とりわけ、国家と市民に関しては混乱している。意味のニュアンスが深い時に、しばしば不用意にだが、用語は混乱を招く。「ＩＤカード」という言葉についても、「身元特定《アイデンティフィケーション》カード」と呼ぶ方がより正確な場合に、「アイデンティティ・カード」と呼ばれることがあるのだ。

アイデンティティと身元特定《アイデンティフィケーション》

幼く見える人物がバーに入った時に、その人は「ＩＤ」を求められるだろう。これは、年齢を確認するためだと誰でも分かる。飲酒が認められている年齢に達しているのかどうか？　例えば運転免許証のように、生年月日と写真の付いたカードがあれば、用は足りる。しかし、バーで行われる会合に出席するという場面で「ＩＤ」を求められた時にはどうだろうか。この場合には、自己紹介が期待されている。「私の名前はアマンダで、みんなはマンディと呼びます」と彼女は始める。「苗字はタラシオスで、ウクライナの名前ですが、ギリシャやロシアとも関係しています。私自身は自分をウクライナ人と考えていますが、ここに暮らしてもう長いです。信仰はギリシャ正教です」。こうした、自分で行う身元証明は、その人の人格に深く関わっている。

名前や、履歴、場所や人との関わり、こうしたものがその人のアイデンティティを形成している。これらと共通性を持ちながらも、別の目的で行われる身元特定があり、デジタルＩＤシステムもその一つである。例えばポルトガルでは、子供が出生した時に両親が名前を付ける（これは昔から習慣だ）が、同時に国家が番号を付与し、その子供が六歳になった時に最初の市民権書類を獲得するのだ。健康や福祉サービスへのアクセスだけでなく、医療その他様々なデータが電子的に記録される。両親が付けた名前は、すぐさまその子供のアイデンティティを成すが、国家の付与する番号は、本人にとってはよりよそよそしいものであり、その子の知るよしもない人々や組織やシステムを巻き込んで行く。形式的、抽象的で、「アイデンティティ」とは相容れないものとさえ思われるかもしれない。

これは常識的な区別に見えるかもしれないが、これを区別しないと、ＩＤカードの議論に多くの困難がつきまとう。それぞれの重要性を確認した上で、その相互作用を理解しないと、問題はより悪化するかもしれないのだ。英語の「アイデンティフィケーション」という単語が六音節を含む抽象語であるのに対し、「アイデンティティ」の方が言いやすいことも、この困難の一部をなしているのではないか（証拠はないが）。そうでなければ、なぜコンピュータ科学者たちは、オンラインシステムへのログイン認証について「アイデンティフィケーション・マネジメント」ではなく「アイデンティティ・マネジメント」という言い方をするのだろうか。ユーザーID、パスワード、コード、電子政府での公共サービスに埋め込まれたIPアドレス、コーラーID（ナンバー・ディスプレイ）、メールアドレス、自動車登録番号なども、アイデンティティと呼ばれる。こうした身元特定《アイデンティフィケーション》を行うためのものが、「アイデンティティ」の代理として使われているわけである。(原注11)

アーヴィング・ゴフマンの著作を繙くと、自己（いわばアイデンティティの中核）が日常生活において「表現」されている、と書かれている。しかし、髪形から綽名まで、他人に対する印象を操作したり、それに影響を与えたりするものは多数ある。(原注12) 自己表現がアイデンティティに貢献する。ゴフマンが著作を書いたのは、まだコンピュータが普及する前の時代だが、個人データをある程度コントロールする「アイデンティティ・マネジメント」の枠組み（英国で二〇〇八年に発表された「クロスビー報告」(原注13)では、「アイデンティティ・マネジメント」よりも「アイデンティティ確証」という用語が提案されている）はあるものの、この本の中心は、逆の方向を向いている。IDカードシステムの使用に限らず、生活の多くの領域で、組織的な身元特定は、統治の重要な手段なのである。

だからこそ、とりわけアイデンティティと身元特定とを明確に区別することが肝要なのである。しかしこれについても、問題は複雑だ。二〇〇六年の英国のIDカード法案については、それが「テロ対策」と結びついたこともあり、人々の怒りを呼び覚ました。他方、電子政府とオンライン取引の両方で活用されるベルギーのe-IDカードは、英国のIDカードと同様の脆弱性を持っているにもかかわらず、さほど批判されていない。(原注14) この違いはどこにあるのだろうか。人々の反応は違っても、I

Dカードが日常で使われるあり方は、結局は似てくるのではないか。

　IDカードを始めとする個人データの公的な利用がどのように見られるかは、問題となっているデータの種類に大きく依存しているというのが、ゲイリー・マルクスの見方である。「名前のような核となるアイデンティティや、個人の位置づけ、私的でごく親しい人にしか明かさないような情報、個人に烙印を押すおそれのある情報、戦略的に重要な情報、生物学的な情報、将来を予測するような情報、嘘がバレる情報などが、個人に結びつけられて永続的な記録として残ることが、最悪の事態だ」とマルクスは言う[原注15]。個人情報を同心円的に捉えようというのが彼の提案で、その中心には「核となるアイデンティティ」があり、外側に向かって「個人を特定する情報」「親密な人にのみ明かす情報」「プライベートな情報」「(通常の)個人情報」となる。

　アイデンティティや、「パーソナル・アイデンティティ」は、定義しにくいものとして悪名高い(とりわけコンピュータ・システムに関連して)。チャールズ・ラーブが指摘するように、データ保護法規はしばしば、どこか循環論的に、「個人データ」という言葉で、「特定されたもしくは特定可能な自然人」を指すことを前提としている[原注16]。それでアイデンティティは、人間身体に由来するいくつかの要素、あるいは、何らかのカテゴリーや集合体からそれに適合する要素を抜き出した、広くもなれば狭くもなるもののように思われるのである。英国のIDカード法では、写真や署名や指紋その他のバイオメトリクスなどの「身分特定情報」とは区別して、特定の「記録可能な事実」もしくは「個人情報」をアイデンティティと結びつけることで、問題を大きくしているとラーブは述べる。つまり国家が、法律や、権威的な記述カテゴリーを選択することによって、「お前ら国民は、われわれがお前と呼ぶところのものだ」と語っているのである。(原注17) このことには当然、眉をひそめて驚く人もいるだろう。毛を逆立てまではしないにしても。

アイデンティティと身元特定《アイデンティフィケーション》との区別が重要だとしても、それは単なる区別だと言っているのである。だがこの二つの概念は、関連づけられる必要もある。自分による身元特定と、他者（現在では機械も含まれる）による身元特定との違いも考慮されるべきだが、これは決して絶対的な区別ではなく、相互に依存していると見なければならない。自己表出としてのアイデンティティと、他人からどのように見られるかというアイデンティティとの区別ばかりを強調すると、近代世界における「カテゴリー化」としてのアイデンティティの大きな影響を忘却することになりかねない。もし後者の次元が支配的であるならば、自分自身についての物語や、起源や、素質についての微妙な意味づけなど失われてしまうだろう。(原注18)

複数のアイデンティティ、身元特定、大文字の他者

本書においては、身元特定という実践と、いわゆる「大文字の他者」とは密接に関係している。アイデンティティと身元特定との相互作用および相互依存は実際、人間が深く社会的な存在であることを思い起こさせる。われわれ人間は、他の人々（例えば両親や聖職者、出版者、教師から、テレビのスターやテニス選手に到るまで）との関係を抜きには存在し得ない。そうした様々な関係から、アイデンティティは鋳造され、われわれがどんな人間になるのか、自分についてどのように考えるのかが形成さ

れる。本書で扱う問題に対して、このことは間断なく手掛かりを与えてくれる。

本書の中心的なメッセージは、市民の身分特定が、どのように監視（とりわけ新たな電子ＩＤカードの導入）を招来しているのかを示すことである。ＩＤカードシステムを作るのに大量の人々の記録が必要になり、これがネットワーク化して検索可能であることに気づけばすぐさま、監視の存在が見えてくる。こうしたネットワークの中では、接続と切断とが常に起きているが、ある種の集団（大文字の他者）にとっては、国家の安全の名のもとに通常のルールが棚上げされる時期には特に、重大な帰結がもたらされることがある。(原注19) 誰を接続し誰を切断するか、あるいは、誰を「市民」として包摂し誰をそこから除外するか（事実としてもしくは実践として）が、ＩＤカードシステムを理解しようとする者にとっては、喫緊の問いなのである。

前節で論じた「核となるアイデンティティ」の問題は、個人の観点からすると、国民ＩＤカード（および同類のＩＤ）には保護すべきものを危険に晒すリスクがあると感じている人たちが、最も守ろうとしているもののように見える。「自分は誰であるのか」という感覚は、家族や地域の絆、特別の場所との結びつき、あるいは、動物や神との関わり方とさえ、関係しているだろう。(原注20) これが、時として他者（組織や機械の場合には言うに及ばず）による身分特定と衝突することがあるのは、驚くには当たらない。監視の問題をしばらく離れて、アイデンティティについての基礎的な観察をしておこう。

アイデンティティは、その中心において、関係的な概念である。本書では、アイデンティティが「構築された」ものか「押しつけられた」ものかといった、不毛な議論は避けたい（構築とか強制という要素が避け得ないものだとしても）。また、近代の「安定した」アイデンティティか、脱近代の「流動的な」アイデンティティか、といった議論も不毛であると考えている。「核となるアイデンティティ」を構築しているものは、孤立した人間の作用だけではあり得ない。それが今日どんなあり様をしていようと、明日になれば変わるかもしれない。アイデンティティとは常に他者を巻き込むものであり、同一ではあり得ないのだ。他者との関わり合いの中で変化し、発達してゆく。アイデンティティは、規則には還元され得ない。動的なものであって、不変なものとして定義することはできない。ミロスラフ・ヴォルフにしたがって、アイデンティティとは広大な関係のキャンパスに現れると、私も言いたい。他者のアイデンティティによって良くも悪くも影響を受けるのであり、それを枠付けるのが関係の質である。IDカードの世界では、ヴォルフが社会 - 神学的に分析する民族対立のように、真の選択は、「排除」か「包摂」かなのである。(原注21)

私は批判的な観点から本書を書き始めているが、しかしIDカードを絶対悪だと考えているわけではない。実際には他の監視と同じように、(原注22) IDカードもまた両義的なものである。これらは近代世界の産物であって、今やジグムント・バウマンの言うように社会が「液状化」し、軽いものとなっているとすれば、(原注23) 効率化のためにIDの利用は不可欠である。ネットを使うため、銀行で取引をするため、果ては教育を受けるためにさえ、何らかの身元特定システムは避け得ないのだ。問題は、IDシステムが現実の人々の日常生活から離れた官僚制度に基盤を置いており、この疎外プロセスが、普通の人々(読者もそうであろうし、私自身も含まれる)には不可視でほとんど理解もしづらい電子ネットワークによって構築されている点にある。このプロセスの中で、私たちはお互いの顔を見失い、もはやお互いの声さえ聞こえない。もちろん、データベース中のデータがきちんと保護されて、範囲も厳格に区切られ、効率的かつ安全なＩＤシステムを作ることができるという可能性もあるということは、強調すべきなのだが。(原注24)

なぜデータは「保護」されなくてはならないのか？　あらゆる技術的システムは、少なくとも人間に害をなさず、なるたけ人間生活を充実させ、可能性を開花させるという社会的・倫理的な要求を満たさなくてはならないと、私は考える。アイズ・セイハンが思い出させてくれるように、テクノロジーは単に、技術的、科学的、象徴的な装置に還元されるものではない。(原注25)あらゆるテクノロジーは、人間の活動であり、ハイデガーが提起したように、テクノロジーが露わにする活動の種類と、テクノロジーを手段としているものの目的の性質とを、探究しなくてはならない。さらに、それらが現れてくる文脈を明らかにする必要もある。ＩＤカードはとりわけ、九・一一テロに象徴されるような暴力の変容とグローバル・リスク社会、ひいては、液状化した現代社会の不確実性と不安という文脈の中で、見ていく必要があるのだ。(原注26)これについてもセイハンは正しい。とりわけ脆弱な集団が、保護されなくてはならないのである。

こうした脆弱な集団は、「大文字の他者」と考えることができる。この「大文字の他者」という概念は、エマニュエル・レヴィナスの著作から取られたもので、(原注27)一般に存在している通常の他者から特別な「大文字の他者」を区別したもので、私の用語法もこれに従っている。倫理学者としてレヴィナスは、「大文字の他者」を見ていくことで、そして「大文字の他者」を最初に置くことで初めて（このことは古代ユダヤ教や古代キリスト教の倫理とも共鳴している）、人類は自らを発見できると主張した。西洋の思想は、「大文字の他者」を一般的な他者群へと吸収し包摂する傾向があり、この傾向に抗うために、単に知るのではなく大文字の他者の「顔」に焦点を当てるというのがレヴィナスの議論である。

実際、アルフレッド・シュッツによれば、われわれは他者を単に分類し、カテゴリー化して知ったつもりになっていることがあまりにも多い（原注28）。ＩＤシステムの作動も同じである。だからこそ、チャールズ・テイラーの言うような「差異の政治」が重要なのである。第二次世界大戦後の世代は、近代の「平等な威厳の政治」（politics of equal dignity）の中で育った。それがうまく行っている間はよかった。しかし、世界のグローバル化が進行し、同化を避けるために、個人や集団の「独自の」アイデンティティを認識することが重要となった。誰か（例えば、トルコからドイツに働きに来ている労働者など）が、テイラーの言うところの「誤った、歪んだ、縮減された存在」として捉えられるかもしれない（原注29）。こうしたアイデンティティの捉え方は、いびつだし不正でもある。

ＩＤカードを導入する表面上の理由（例えば、国家による扶助金給付、旅行や取引の利便性、身元詐称や犯罪からの防御）が何であれ、実は「大文字の他者」のリスクである移民の統制やテロリズム対策が、最大の要因である。「国民ＩＤ」カードという概念は、他の各種の「国民」アイデンティティに基づいており、人民を国家の統治する領土の中へ統合しようとする一九世紀の虚構に遡る。どこかで生まれた人間が、国家が責任を負うような共同体への加盟を認められ、同時に国家は人々を「定義付け、分類し、セグメント化し、分離し、選抜」するようになった（原注30）。言い換えると、ジョルジョ・アガンベンが主張するように、主権国家が「われわれ」と「彼ら」の間に線を引き、境界を締めつけ、取り締まるようになったのだ（原注31）。

グローバル化、液状化、流動化が進む今日、人々は時に散発的に、時に大挙して国境を超えるが、常に「国家」という概念は人々に滲み込んで来る。いかなる理由にせよ、国家に適合しない人間は、暴かれ、危険に晒される。「大文字の他者」とＩＤシステムとが出会うのはここにおいてである。グローバルな乱流を統制しようとの努力の中で、「大文字の他者」の顔や物語は、表に露出されようとしている。国家による、不誠実な「掌握」が、「大文字の他者」による自己犠牲的でリスキーな「掌握」に取って代わられるのを期待したい。(原注32) 政府が、恐怖と不安というカードを使い、企業が消費や利便性の手段としてカードを売る時代には、これは厳しい予想かもしれない。しかし、もし私たちが、大文字の他者のために人道性を発揮するならば、それ以外の選択は非人間的だろう。このことは後の章でより詳しく述べたい。

市民の身元特定

本書を読むロードマップを示そう。まず私は、歴史的な背景について語るが、小著で紙幅も限られているので、網羅的なものでなく、必要な所に絞る。その上で、身元特定システムが、とりわけ国民国家の行政機構と結びついてきたことを示す。徴税システムが代表例であるが、それだけでなく、植民化、徴兵、犯罪管理とも関連している。このことは、初期のシステムと現在のシステムとの連続性をも示唆する。つまり、今日進められているハイテクを駆使したＩＤカードシステムが、単に「新しい」ものではないということを、看過してはならないのだ。

デジタルＩＤの「新しさ」の性質について追究するのが第2章である。そこでは、「監視としてのＩＤカード」の鍵となる性質である、「社会的整序」が析出される。ＩＤカードシステムを含む監視制度が、異なった集団間の差別を伴っていることは、先に触れた。現在、検索可能なデータベースやソフトウェア・プロトコルの存在が、ＩＤのこの次元の問題を深刻化させている。監視権力の大きな部分が、コンピュータによって拡大した「社会的整序」能力にかかっている。(原注33) 市民を適切なカテゴリーに位置づける方法がより洗練され、自分の権利や特権を最大限に利用したり、例えば公正さのような価値や法の下での平等も維持しやすくなるという利点はある。しかし同時に、こうした正確な社会的整序は、多くの市民が望んでいない副作用ももたらす。例えば不公正あるいは不明確な基準による差別だ。既に社会の隅に追いやられている人たちが、とりわけ不利益を被ることになる可能性が高い。

市民に新たなＩＤを付与することがどのような結果をもたらすのか、新たなテクノロジーだけからでは（それがどれほどの影響力を持っているとしても）、読み切れない。第3章では、今日の身元特定行為を理解するための新たな理論、「カード・カルテル」を導入する。より普通の言葉で言い換えれば、「身元特定手段の寡占化」ということになろうか。既に見てきたように、新たなＩＤの重要な（しかししばしば見過ごされている）要素は、国家規模で登録されたデータベースである。そうしたデータベースを作っているのは、政府だけではない。多くの場合、多目的カードによって、政府の複数の部局や、企業や、その他の組織が関与することになる。

例えばフィンランドでは、市民権に関するデータと、健康情報とが、同一のカードで扱われている。情報の交換には技術的・法的な制限が設けられてはいるが、データ共有それ自体の能力は著しく増大した。問題はもはや、「国家と市民」という概念にはおさまらない。国家も市民も、縮小したり拡大したりと変容を遂げている。例えば、「国家」は、データをコード化する方法については、しばしば「リスクマネジメント」の要求から企業やソフトウェアに依存しており、このことは「市民」と「非市民」というカテゴリー分けを曖昧にしている。(原注34)

新たなIDのグローバルな文脈もまた、「国家と市民」という概念の再考を促している。「国民ID」の生産というと、国民国家だけが身元特定を行うという印象を与えがちだが、実際にはその生産はグローバル化されている。「相互運用」という言葉がしばしば聞かれるようになった。例えば、運転免許証は北米全体で使用できるし、EU内で通用する国民IDもある。このことを考えるのに、私たちは第4章で「拡大したスクリーン」というメタファーを用いる。身元特定が、国家の枠内を超えて拡大した、という意味だ。このメタファーは二つの意味を持っている。第一に、スクリーンは地理的な範囲においても、個人データの深さにおいても拡張した。第二に、コンピュータの「スクリーン」は発展したテクノロジーを表すだけではなく、より緻密な「スクリーニング」(ふるい分け)をも可能にしているのだ。

個人データがより深く追求されるということについては、第5章で扱っている。そこでは、「ボディ・バッジ」(身体記章)という私の概念を使う。身体的な特徴を使って身元特定を行うことがごく普通になった。新たなIDも含め、正確な身元特定が要求される場合には、バイオメトリクスがその道具を提供している。(原注35) 二〇〇五年、英国のEU代表は、指紋を使った生体認証をEUの標準にし、巨大なデータベースを作ったらどうかと提案した。(原注36) 空港旅客のチェックに使われている虹彩認証機械も、バイオメトリクスの代表例である。DNAデータさえ、EUや米国では、例えばテロリストや犯罪者の検出に使われている。(原注37)このことは、テクノロジーと身体との境界が揺らいでいることを示す。アイデンティティが、指紋や顔といった身体的特徴によって定義され、アルゴリズムの中に捉えられる。これは様々なことを意味する。例えば、身体それ自体が、テキストになり、少なくともコードになる。かくして、対象化された身体は、例えば会話で得られる言葉よりも、情報としてより優れているものと前提されるのだ。

最後に第6章で、新たなIDが市民にとってどのような意味を持つのかという基本的な問題のまとめに立ち返る。これまで論じてきたように、新たなIDはあらゆる面で監視と関わっているだけでなく、権力や、統治や、民主主義とも関連している。市民にとってIDが持つ意味が変化したことを反映しているだけでなく、新たなIDそれ自体がIDの意味を変化させて行く。市民が社会的平等を求めた、二〇世紀半ばの北米およびヨーロッパの大半の状況とは対照的に、今日市民は文化的なアイデンティティや、集団の差異を求めている。セイラ・ベンハビブが言うように、このことは「国家的市民権」という包みの縁を引っ張っている。「異人、移民、難民などを既存の政体へと取り込む」ためには、新しい方法が必要なのだ。(原注38)

「福祉国家」の初期形態では、市民権は法的、政治的、経済的な「包摂」(インクルージョン)を目的としていた。誰を内に包摂するかを決めるということも、定義上、誰かを外に排除するということではあるのだけれど、今日の市民権の様式では、むしろある特定の集団を除外することを目的に置いている。不法移民、福祉詐取、犯罪者、テロリスト予備軍などが「ユージュアル・サスペクト」(常連の容疑者）だ。誰が「他者」であるのかを正確に決定すること、そして、彼らを特定し、カテゴリー分けし、禁止もしくは移動を制限することが、新たなＩＤ枠組の主要業務なのだ。手段が技術として新しいとしても、植民地主義・犯罪管理・戦争など、目的は過去のＩＤと大同小異ではないだろうか？　これから見て行こう。

第1章　書類を要求する

今日の私たちが当然視している、市民権と身元証明書類との密接なつながりは、二〇世紀初頭になってからのものである

ヴァレンティン・グレーブナー（原注1）

ありとあらゆる人についてカードを作ろうというのは、ほとんど馬鹿げている

ゴダード最高裁長官（原注2）

米公共放送サービス（ＰＢＳ）のＴＶ番組「アンティーク・ロードショー」の中でも、極めつけの珍品は「奴隷札」だった。かつて奴隷たちが着用を義務づけられていた、小さなブリキのバッジが、コレクター・アイテムとなっているのだ。札の製作された年や、奴隷の役割（たとえば「家内給仕」）や、出納官のオフィスに登録されたＩＤナンバーが記されている。多くの札が見つかったとされるサウスカロライナ州では、黒人奴隷がしばしば、白人の主人の家から逃亡していた。逃亡奴隷を識別するため、疑わしい人物は札の提示を求められた。必要なのは書類よりも、不格好な金属板だったのだ。

現在、古物として奴隷札を収集の対象とすることに、議論がないわけではない。過去の苦痛をさらに搾取するものだと主張する人々もいる。それに対し、収集家の側は、「圧倒的な逆境にあっても、人間精神の強さを証明するものだ」として、自分たちの嗜好を擁護する。（原注3）こうした証拠品を集めておくことは、過去から学び、将来二度とこうした暴虐が行われないようにすることなのだ、というのが

彼らの主張なのである。個別の議論に入らなくても、身元特定をめぐる現在の議論にしばしば「歴史感覚」が欠けていることは、注目に値するだろう。過去にどのような身元特定が行われてきたか、どれほど人間の尊厳を破壊する卑劣なことが行われてきたかを知る目的は、過去のひどい間違いが繰り返されないことを確実にするために今日のさまざまな先駆的試みを同じ筆で黒く塗りつぶすことではないのだ。

今日のＩＤカードは、歴史的に複数の系譜を持つ。国家行政が進展するにつれ、身元特定は徴税のみならず、植民政策や、徴兵や、犯罪統制のためにも歴史的に重要となった。ミシェル・フーコーによれば系譜学は、今日までの発展に光を当てるような、成功と失敗の枠組みであり、また、特定の知識や経験でもある[原注4]。現代にもあてはまる、近代世界における安定したＩＤの追求史から、私たちは多くを学ぶことができるはずだ。

カードや冊子などを使った、国家による身元特定システムの歴史は長いが、当初は範囲が限られていた。一五および一六世紀の欧州に近代国家が出現したことが、個人を正統に特定する枠組みの幕開けとなった[原注5]。例えば「使者」は、特別な記章やバッジを身につけることによって、メッセージの正しい運び主であることを示す義務があった。一六世紀半ばころ、ジプシーのような特定の人々は、偽の身分証を持っているのではないかと思われていた（不法な人々が正統なＩＤを持っているはずがないと仮定されていた）。これは過去の問題ではない。二〇〇八年、イタリア政府が国民ＩＤカードに指紋を載せる決断を行い、諸都市の周辺部に住まうイタリアン・ジプシー（ロマ）の指紋を取るという、議論を呼ぶ問題が巻き起こったのである[原注6]。

巡礼者や、外交官もまた、記章なり通行証を携帯する必要があった。それらは、当局が容易に判別できるように、グラフィカルなものになる傾向があった。一六世紀のケルンやフライブルクでは、偽造を避けるため、物乞いたちの証明書は日付や番号の更新が義務とされていた。重点は次第に身体的特徴の記述へと移って行き（今日のパスポートにある「永続的な特徴」）、名前と顔との結びつきはゆるやかなものとなった。

フランス革命後、市民権は記録、とりわけ紙の記録と結びつくようになった。二〇世紀には、カプランとトーピーの『個人の身元を書類にする』(原注7)が示すように、アルゼンチンから英国まで、さまざまなスキームの国民IDカードが議論されるようになった。(原注8)英国では早くも一九一五年には記録が整備されたカードが発行されており、一九三九年にはさらに改良された。(原注9)他方、海外旅行のための旅券（パスポート）の普及も進んだ。だが旅券は、その定義上、国境を越える旅行者のためのものである。現在の国民IDの枠組みでは、全人口を対象にしようとしているのだ。

多くの身元特定システムが、当初は特殊な一部の「疑わしい」人を対象にして設計されたにもかかわらず、潜在的には国家を越える可能性すら持つということは、心によく留め置かなくてはならない。奇妙なことに、犯罪制御と植民地主義とは密接に結びついている。そのことをこれから見ていこう。英領インドで、最初に指紋が使われたのは殺人事件の捜査のためであったが、同時に、染料生産をイギリスが独占していることに対する一八六〇年代のインド農民たちの反乱リスクを、下げる狙いもあった（マハトマ・ガンジーは、一九一七年にも、これを擁護しただろう）。当初は犯罪を取り締まり、常習犯を追跡するために使われていた指紋が、ひとたび方法として確立すると、一般的な身元確認へと

用途が拡大していった。(原注10)

堅牢な身元特定システムを作りたいという努力のうちに一貫してあったのは、例えば、異人を一般市民から、犯罪者を無実の者からなど、特定の人間をその他大勢から区別する書類の必要性であった。旅行する人が増え、見知らぬ人との接触が増したことも、この流れを促進した。ヨーロッパの近代初期において、伝令や移民の移動が引き起こした問題に対する公的機関の対応が、身分証明書類であった。だが、身分証明への欲求はさらに広がった。個人のアイデンティティを示す書類は公的な要請となり、今日の新たなＩＤの探究ともつながっている。歴史的な観点を持たなければ、ＩＤシステムは新奇な現象と見えてしまうだろうが、実際には持続してきた事柄なのである。

旅行も一つの重要な要因である。近代は交通・通信の発展によって、様々な理由による多様な移動が可能となった。交通と通信とが結びついていた初期近代と比べて、旅行が可能な人の割合は何倍にも増えた。当時、通信は物流に依存しており、メッセージを伝えるには馬や舟などで輸送しなくてはならなかった。しかし、電信の発明は通信と物流とを分離した。(原注11)輸送しなくても情報を伝えることが可能になったのである。しかし実際には、通信と物流との関係は切れたというより、むしろ逆転した。つまり、通信が物流に依存するのではなく、新たなテクノロジーによって、物流が通信に依存するようになったのだ。旅行者の位置や身元を伝える何らかのマーカーやメッセージを持たずに、遠出することはもはやできない。今日では、情報が直接に、旅行者の身体から発せられるようになっている。

国家が、市民を「見抜いて」(原注12)その中に「掌握」(原注13)するために、どのような身元特定への努力をしてきたのか、そして、こうした行為がこれまでの植民地行政や、犯罪管理や、戦争の遂行とどのように関わってきたのか、これから見て行こう。(原注14) これらは旅行や取引とも関係を持つ。安全および身元確認の追求は、両義的な意味を持つ。行政の効率が上がる場面もあるが、悲惨な状況下ではむしろ、新たな危険や不確実性が生まれることもある。確実性の追求は、明確なカテゴリー化（分類の押しつけ）を伴う場合が多いが、これは単に資格付与のためではなく、「包摂」と「排除」のために、さらには大量殺戮のためにさえ、実際の人々を整序してきたのである。

身元特定と市民の「読まれやすさ」

国家が個人の細かな性質まで注視していることは、近代国家の特徴の一つと言えるだろう。ジョン・トーピーは、掌握という言葉を、「把握」「登録」の意味で使っている。(原注15) ジェームズ・スコットによる印象的な表現では、「掌握」（複合的なメタファーだ）によって、市民は国家に読まれやすくなり、このことは、読み書き能力の普及と、公的記録の拡大とに依存している。(原注16) しかしながら、国家による「掌握」が進んだり、市民がより「読まれやすく」なったことで、例えば市民の信頼などに悪影響が出たとしても、市民の特定自体は彼らの権利を確認する手段でもあるということは気に留めておかなくてはならない。

市民が「読まれやすく」なることを受け入れなくてはならないいくつもの理由がある。一六六六年、北米で最初のセンサス（国勢調査）(訳注2) が、ニューフランスで行われた。後にカナダ国となる、フランス植民当局が実施したもので、主目的は徴税だったが、他にも各家庭が子供の数を増やすようにとのインセンティブの意味もあった。（原注17）歳入だけでなく人間の数を増やそうとの意図があったようなのだ。ジョン・トーピーは『パスポートの発明』の中で、身元特定が、人々の移動手段の独占を助長すると洞察している。（原注18）しかしながら国民国家は同時に、徴税を通じて経済資源を動員したり、福祉プログラム・保健制度・教育などを通じて市民に資源を再配分したり、平和や秩序を維持したりするためにも、身元書類を活用しているのである。（原注19）平和や秩序の維持というのは、外国からの攻撃だけでなく、反乱、暴力、犯罪といった国内からの攻撃への対処も含んでいる。適切な身元書類があり、人々が観察されていることが、各目的にとって重要である。そして身元特定は、相互に関連した複数の目的で行われているのである。

税の徴収とは逆に、権利を持つ人々への利益供与は、身元特定および登録の目的のうち最古のものの一つだろう。キリスト教に親しんでいる人なら、イエスの誕生と、ローマ帝国における主要な税務記録の誕生とが、ほぼ同時代であることを思い出せるはずだ。ローマでは、経済取引に関して奴隷、兵士、市民を見分けるのに、印をつけた骨もしくは牙の破片（テッセラと呼ばれる）を使っていた。古代中国では、紀元前六五六年から二二一年までの戦国時代に、徴税や徴兵のための記録が使われているし、（原注20）同様のものは古代ギリシャや、さらに古く、紀元前二五〇〇年のシュメールでも使われていた。クレタ島では、今からおそらく四千年前に、一般に土を原料とした円筒状の印章が、スタンプあるいはネックレスのボタンもしくはブレスレットの形で、個人認証の道具として使われていた。（原注21）それらに公的な位置づけがあったのかどうかは定かではないが、例えば埋葬室に収められる際の個人識別などに利用されていた。

古代世界における身元特定がどのようなものであったのか、歴史家にはあまり語ることがない。それはおそらく、現代と比べて古代人には移動の機会が少なく、概して知っている人々の間で生活していたためであろう。それが変化したのは初期近代だが、それでも変化はゆるやかで、限られたものだった。エドワード・ヒッグスが示しているように（原注22）、身元特定システムは、近代になって国家の活動をより合理化しようという、長期的かつ不均等なプロセスの一部として現れたのだ。必要性が高まり、行政をより効率的にする技術が発明されたりするにつれて、このシステムは拡大した。ヨーロッパでも北米でも、かつては小教区内だけで記録されていた生誕、結婚、死亡といった情報が、国家の管轄となっていった。こうしたデータは、他のデータを「生み出す」基本書類となって行く。

身元を特定する基本の一つである姓（家族名）が不安定であることは問題だった。例えば、一九世紀に米国やカナダに移住した人々の多くが、到着の際に固定した姓を持っていなかった（原注23）。国境を越えた移民だけではなく、困窮したために生活の糧を求めて国内での移動を余儀なくされる人々とも、身元特定は関係していた。例えば、一六世紀の英国では国内旅券を発行しており、貧民や浮浪者はバッジの着用を義務付けられていた。もっともこのシステムは長続きせず、発展もしなかった（原注24）。

二〇世紀半ばには、T・H・マーシャルが論じているように（原注25）、市民権が法的・政治的な権利だけではなく、経済的・社会的な権利にも拡張した。これは市民の登録を伴うが、必ずしもカードの携帯を義務づけるものではない。マーシャルの研究は、グローバル化およびネオコン的なリストラクチャリングが進む今日の世界に対しても、洞察を与えてくれる（原注26）。マーシャルの説明について、例えば所有における個人主義（原注27）に十分な注意を払っておらず、二一世紀の状況に合わせて修正する必要があるといった批判はもちろんあり得る。しかし大事なのは、欧米での市民権制度の運用のされ方は概ね有益だったと、マーシャルが示したことである。様々な権利や義務を備えた社会の中に、人々を包み込むという役割を果たしたのだ。同時に、そうしたプロセスが多数派にとっては適したものであったとしても、市民権の拡大は必ずしも平等・公正に推移したわけではなく、時として異議申し立ても起こった。もちろん、市民の権利を効率的に行使するには、身元を確認する書類が必要とされた。

　ジェラール・ノワリエルは、一九世紀に国家が身分特定を目的にさまざまなカードやコードを作り上げた「身分特定革命」[原注28]について書いている。このことは、フランス市民の地位を高めるという点では効果があったかもしれないが、同時に、一部の人を包摂し、それ以外の人を排除するものでもあった。ノワリエルは、フランスにおける身分カードの登場と、各種手段による外国人の特定とを分析し、テクノロジーと社会的文脈の両方が、国家による身元特定の必要性に対して、どのような役割を果たしたのかを明らかにしている。こうした身元特定が、時として差別[原注29]にも利用されたという事実は、バイオテクノロジーに代表される現代の増強された「力」が、自分ではどうしようもない生物的・遺伝的な要素に基づいた差別を生む可能性があることに、警鐘を鳴らしている。

　フランスだけではない。「国内旅券」という悪名高い制度は、二〇世紀半ば、ナチス政権下のドイツでも、アパルトヘイト（人種隔離政策）の南アフリカでも、そして旧ソ連でも発展していった。ホロコースト（ユダヤ人の大量虐殺）政策は、ジグムント・バウマンが示すように、近代合理性の極北[原注30]に位置づけられる。誰を殺すかを決定するのに、ＩＢＭの機械がインフラとなっていた[原注31]。南アフリカでは、パス法という一種の国内旅券制度によって、黒人たちの移動および人生の機会が制限されていた。興味深いことに、戦後ＩＢＭは、英国のＩＣＬ社とともに、パスブック（パス法で規定された身分証明書）のコンピュータ・インフラにも関わっている。反アパルトヘイト運動の際には、パスブックが差別の象徴として憎まれた（皮肉なことにアフリカ国民議会も、別のＩＤカードシステムであるＨＡＮＩＳを、一九九六年に提案している）。[原注32] かつてのドイツ民主共和国（東ドイツ）では、市民の管理のために国内旅券を発行していた。シュタージ（国家保安省＝秘密警察）のファイルは、フロリアン・ヘンケル・フォン・ドナースマルク監督の痛切な映画『善き人のためのソナタ』や、ティモシー・ガートン・アッシュの著作『ザ・ファイル』[原注33]に描かれているように、「恐怖による支配」に貢献した。

スターリン統治下のソ連でも国内旅券は使われ、好ましい人々と好ましからざる人々とを区別していた。スターリン主義国家は、包摂と排除とを通して社会を操作しようとしていたが、この身元特定、カテゴリー化、監視を最も詳細かつ包括的に担っていた制度が、国内旅券であり記録システムだった。[原注34] 国内旅券は、個人の特徴を記すだけでなく、居住地域や職場ともリンクしていた。一九三〇年代のような欠乏の時期には、食料や日用品の入手に関してヒエラルキーを形成する結果にもなった。それのみならず、警備や国家建設、社会主義を機能させるための国家プロジェクトにも利用された。国内旅券によるカテゴリー分けによって、「国家にとって脅威となる異人（chuzhie）」と、「政権に近い（blizko）人々や忠実な人々」とが区別された。[原注35]「スターリン型社会主義では、旅券制度は文字通り、人口統計的、地理的な地図」として読まれ得るとシアラーは指摘する。[原注36]

国内旅券は、国境内で通用するという点を除けば、ある面ではわれわれの親しんでいる通常の旅券と似ている。国内旅券によって国家は、国民を権利や特権の点で差別することができる。特定の集団をある領域に閉じ込めたり、居住地域から外に出さないよう制限したり、といったことが可能となる。(原注37) マーク・ガースロンが指摘するように、このことは、「市民」と「臣民」との間に行政が楔を打ち込む「内なる植民地主義」へと進んで行く。(原注38) 同時に緊張関係も生まれる。生き残るために権力は、文化的に違いのある様々な集団を協調させなくてはならない。しかしながら、こうした包摂が不平等なものと知った集団はおそらく、反抗を企てるだろう。

こうした国内旅券システムは、ソ連の監視・管理システムの中心にあっただけではなく、一九八九年の共産主義崩壊以後にそれを引き継いだ国々にも、その影響は残っている。例えば一九九五年、当時のモスクワ市長は、コーカサスや中央アジア出身の、モスクワに居住する権利を持たない人々を、旅券を使って追放する命令を出した。百万人近いチェチェン人(彼らのパスポートには「人民の敵」と捺印されていた)が、スターリンによって一九四〇年代に追放させられていたが、チェチェン共和国のために一九九〇年代に闘争を起こした人々はその子供たちである。ガースロンが皮肉に述べるように、国内旅券制度は、人々を国際的な「新たなソ連人」として結びつけるよりもむしろ、特定の民族的アイデンティティを維持する結果をもたらしたのだ。(原注39)

これまで述べてきた国家による身元特定システムはそれぞれ、重要な点で差異も有している。それぞれが置かれた時代や場所の政治的優先順位を反映しているのである。この優先順位を別とすれば、こうした身元特定システムは、人々を分類して別の扱いをするための手段と言える(それが公正さを欠いていることは言うまでもない)。それに加えて、官僚的システム、そして今日の電子的システムは、細かな情報を検知されて不当な差別を受ける可能性のある被統治側の人々から、政府の各部局(や全組織）が距離を置くことを可能にしている。歴史を繙いてみれば、現在のシステムが管理や特権といった誘惑から免れていると簡単に信ずることはできないはずである。

身元特定と植民地行政

近代国家の多くは、内部においては土着民を支配し、外部においては海外領土を獲得するといった形で、植民地的な支配を行った。例えばアメリカの「旧南部」においては、奴隷たちは公的にはアイデンティティを否定され、人間以下のものとして扱われており、単に盗みや放火、逃亡といった犯罪を防ぐためだけに個人特定されていた（原注40）。プランテーションにおいて奴隷を監視するシステムは、クリスチャン・パレンティが「三つの情報技術」と呼ぶものに基礎を置いていた。その三つとは、身分証（奴隷パス）、警備隊、逃亡奴隷手配ポスターである（原注41）。ヴァージニア州で最初に制定されたパス法（一六四二年）は、実はアイルランド系などの貧しい白人の「年季奉公人」を対象としたものだったが、一六八七年のサウスカロライナ州の法律では、黒人奴隷を対象にした。大部分の主人たちは奴隷に教育を受けさせたがらなかったから、読み書きのできる奴隷の数は少なく有利だった。子供たちがどこに行ったのかが分かるようにと、そうした奴隷の母たちは子供に固有の名前をつけた。黒人の抵抗運動が起こると、白人たちは、多くの州でパス法を成立させた。

一七九三年にはサウスカロライナ州において、本章の冒頭で触れた「奴隷札」が使われ始めた。真鍮あるいは錫で作られ、名前、生年月日、職業、番号が記されていた。ヴァージニア州で見つかったある奴隷札には、表に「ジェミマ・ジョンストン、一七九九年生まれ、ヴァージニア州ワレントンのニコラス・プランテーション」、裏にはその「大きな家」と「奴隷宿舎」の簡単な絵が刻まれていた。(原注42)名前と番号とは、毎年の奴隷税を管轄する財務官のオフィスにある記録との照合に使われた。(原注43)こうした公的な記録との結合は、奴隷解放にまで持ち越され、個人記録の記載された書類が、自由な主体と自由でない主体との区別に使われたのだ。祈祷書から見つかった、サウスカロライナ州のチャールストンで発行された奴隷パスでは、「私の子であるマックは、ベドン小路の家で眠る許可を得ています。母の買ったこの券は二ヵ月間有効です。サラ・H・サベージ、一八四三年九月一九日」と記載されていた。(原注44)パスや書類に書かれた記述は、指名手配のポスターにも利用された。このことは、パレンティが観察しているように、奴隷支配の性質とその限界を示している。奴隷は当時から逃亡することがあったのだ。奴隷制度が違法となってからも、奴隷パスに見られるような記述は生き延び、初期のパスポートや、移民労働者の管理にも使われている。

一九世紀のインド植民地では、イギリスは現地人の身元特定に全く違った方法を試行していた。一八五八年、ベンガルの東インド会社に勤務していたウィリアム・ハーシェル卿は、科学的な身元特定技術を初めて開発した。インド高等文官のメンバーとして彼は、道路資材供給者のコナイ氏と契約を結ぶ際に、彼に手形を押すように求めた。さらに、一般的な法律文書に指紋を使うことも提案した。この提案は実現しなかったが、ハーシェルはフーグリー地区の行政長官として、年金受給者および囚人の指紋登録を開始した。前者は詐取を防ぐため、後者は身代わり拘置を避けるためである。(原注45)話はここで終わらない。ベンガル警察のエドワード・ヘンリーおよびアジブル・ハクは、一八九三年、刑事政策における指紋利用制度を体系化し完成させた。犯罪集団や、逸脱者とされる人々がこれによって影響を受けたが、さらに植民地政府は、生活の多くの領域について破壊的活動を警戒するための情報を蓄えた。セングプタによると、「地下活動を行っていそうなところ」で、スパイが養成された。例えば郵便局、鉄道、軍、政治活動家、労働組合、法律家、売春婦、事務員、泥棒、教師、労働者、学生などである。(原注46) インド電信法(一八八五年)でも、国家による各種の情報捜査が認められた。

植民地の別の例を出そう。後から考えて有害だったのが、ベルギー政府によるルワンダの民族差別政策である。それは身体測定によって強制的に民族分類を行うという施策から始まった。(原注47) この時の書類が、一九九四年における虐殺の手段となったのだ。民族集団を固定し、それに上下関係を付与し、民族間の嫌悪や憎悪を煽ることとなった。(原注48) ポルトガルの植民地であったモザンビークやアンゴラでも、類似したシステムが作られている。ケープ植民地(訳注3)ではアメリカの南部と同じように、パス法が一七〇〇年から存在し、イギリスが植民地を受け継いだ一八〇六年以降も続いた。安価な奴隷労働を維持するために、こうしたパスはアフリカのイギリス植民地では共通して使われ、ベルギーやフランス、ポルトガルの植民地でも続けられた。前二者においては現地人の指導者を使って間接的に行われたものだった。(原注49)

植民地時代以前のルワンダやブルンジでは、「フツ」「ツチ」「トワ」といった名称は、職業や地位を示す言葉ではあったが、柔軟に使われ、所属が変化することもあった。一九世紀末にヨーロッパ人が植民地化すると、ツチ族が相対的に彼らに似ていたところから、ツチ族を特権化するという新たな意味が付け加わった。こうして、差異と相互対立を全体化するような人種的ステレオタイプが、各集団の間で発展してしまった。しかしながら、ベルギー政府が一九三〇年代にIDカードを発行した際には、その目的は、ツチ族を通じた間接支配のためではなく、単にベルギーによる支配のために見えた[原注50]。にもかかわらず実際には、この新たに発行されたIDによって、フツ族が教育を受けたり就職したりする機会は制限された。このことが翻って、一九五〇年代の、この抑圧を非難する民族主義運動へとつながって行く。

一九九〇年代になると、フツ族の軍事力ならびに政治力が上昇し、虐殺の中で誰が生き延び誰が死ぬのかを決定するのにこのIDカードが決定的な役割を果たすこととなった。バリケードでは、保持を義務付けられたIDカードを見せねばならず、書類によって多くのツチ族が殺された。しかし同時に、見た目がツチ族に見えるために、偽のカードを持っているのではないかと疑われて、殺されたフツ族の者もいた。ルワンダ人たちは、このIDカードの依って立つ「アイデンティティは固定されたもので変化することはなく、国民の誰しもがいずれかの民族に明確に分類される」という原則を受け入れてしまったのだ。虐殺を可能にしたのは、このルワンダ人の「民族化」[原注51]であると、ロングマンは結論づける。

身元特定と犯罪管理

法律違反者を印づける手段は、歴史のかなり早い段階からあった。近代初期の新世界では、肌に印をつけるという方法が取られていた。例えばイースト・ジャージー[訳注4]の一六六八年および一六七五年の法律では、一度盗みを働くと右腕に「T」の字が、二度捕まると額に「R」の字が入れられた。また、ホーソンの『緋文字』にあるように、ピューリタンのニューイングランドでは、不貞行為に対して紅い「A」の字が入れられた。[原注52] ほとんどの人が知り合いであるような地方の共同体では、移動する人もあまりおらず、こうした印づけの必要性は低い。しかし、ゲオルク・ジンメルが「異人たちの社会」[原注53]と呼んだ都市化、工業化の進んだ地域では、国や州、市町村などの官僚制が出現し、合理性が推奨され、違法者や逸脱者に印をつけて析出するようになるのだ。国民国家が市民を登録する一般的なシステムを発展させるにつれ、社会秩序の維持を目的とした特別の種類の身元特定システムも同じように発展して行く。

一九世紀、大西洋の両側で、犯罪者を特定するために適切な手段が、これまで以上に緊急に求められ続けることとなった。サイモン・コールの研究がこれを考えるよい手助けとなる。[原注54] 身元詐称や身元間違いといったあまり例のないケースで正確な身元特定をしたいという欲求だけでなく、上昇する犯罪率への対処がその理由としてあったのである。犯罪の常習性が大きな問題と考えられていたのだが、身元特定がうまく行かなければ、同じ人間が繰り返し犯罪に手を染めているのかどうか証明できないわけである。[原注55] 書類や写真が流通し、英国では一八七七年に、「常習的犯罪者のABC順記録」が作られた。また、次第に写真の方が書類よりも優れているとして求められるようにもなった。米国内で、身元を捏造する文字通りの「詐欺師」(confidence man)が出現したことは、よりよい身元特定への触媒となり、[原注56] 特に顔が注目されるようになった。イタリア学派として知られるようになる生理的差異の強調に加え、英国では「示差的な特徴」を時間をかけて探すようになり、不変のアイデンティティをいかに求めるかが喫緊の課題と考えられたことが見てとれる。

そして結局は、犯罪者の身元特定のために広く使われるようになったのは、普及のために大変な努力がなされた、身体の計測と写真および詳細な記述を組み合わせて身元を特定するベルティヨン法（開発者のアルフォンス・ベルティヨンの名前にちなんでいる）ではなく、指紋の方だった。(原注57) フランシス・ゴルトンが大いに貢献した分類の問題は、既に記したようにインド植民地でまず機能したが、一九二〇年代には、指紋が他の方法よりも優れていることが、一般に認識されるようになっていた。しかしながら、例えば「異人たちの社会」という性質がヨーロッパよりも顕著である米国と、アルゼンチンでの指紋技術の発展は、多少違っていた。一八四八年のゴールドラッシュで中国人労働者などが流入し、その直後に大陸横断鉄道が作られた米国では、「移民」と犯罪との関連性が時として注意深く追跡された。(原注58) 一八八二年の、中国人移民排斥法は、一時的な移民以外の流入を制限しようとしたものである。しかし、中国人の身元をいかに特定するのか？　役人たちは、見た目で彼らを識別するのに困難を感じていたから（インド植民地と同じである）、すぐさま指紋の使用が好まれるようになったのだ。

それに対してアルゼンチンでは、一九世紀末に向けて、ラプラタ警察の統計部局の責任者であったホアン・ヴセティチが、移民のカテゴリー分けにも使われていた指紋分類をさらに発展させた。それまで使われていた、一〇一種の変数を使った指紋分類をより単純にするために、独自の指紋鑑定（dactyloscopy）を生み出した。また、身元カードを導入して、大量の犯罪者ファイルを索引付けした。彼のシステムは結果的に、土着民の絶滅やアフリカ系人口の減少を加速し、アルゼンチンの「白人化」に貢献することとなった。黒人、白人、インド人に適用されていたシステムは、それまで好ましい移民とされていた別のヨーロッパ人集団にも適用されるようになった。犯罪統計が移民問題とごっちゃにされ、差別的な法執行は「犯罪は移民のせいだ」とする見方を強めた。(原注59)こうした「過激な他者」という見方は、ヴセティチによる指紋鑑定の枠組の発展をさらに早めることとなった。

興味深いことに、初期の指紋鑑定は、犯罪捜査よりむしろ、人間と犯罪記録とを結びつける分類システムとして考えられていたことを、コールが記している。このことは、遠隔地にある記録に必要時に依存できるような普遍的システムが求められた理由になるだろう。さらに電子的な情報蓄積システムの発展とともに、集中化した身元特定部局へと発展して行くことになる。後に米国において、例えば一九四三年の指紋付きのIDカードを使う市民身元特定法など、全国民の指紋を登録する身元特定システムが一度ならず提案されるが、その背景ともなった。(原注60)この時期には、IBMのカード整除ならびにパンチカードシステムによって、指紋ファイルのためのオートメーションは既に完成していた。それから三十年後、米国などでは、自動指紋特定システム(AFIS)が稼働している。

指紋の利用は、犯罪捜査のみならず、あらゆる種類の身元特定における根本的な問題を提起する。システムに名前を入れるならば、ID書類は当局が名前と特定個人とを結びつける助けになる。このことは、各人がこのシステムの稼働のために協力しなくてはならないことを意味する。市民を協力させるために、国家はしばしば、身元が明確な者にのみ社会保障の受給権を与えたり、厳しい政権では協力しない者を罰したりする。それに抵抗する市民たちは、身元を明らかにすることを拒んだり、偽の身元を騙ったりするのだ。指紋の登録は、個人を特定する身体的な特徴であるため、国家に有利である。今日では、顔の特徴や虹彩からDNAに到る、他のバイオメトリクスも広がっている。(原注61)

犯罪管理のための身元特定に関する限り、システムの目的は人種間の差異と犯罪性向を明らかにして弁別し、排除を行うことにある。これから見て行くように、その方法のいくつかは更新されてきたが、法執行当局が、犯罪管理のために初期に行われた試みをなかなか捨て去れない場合もあった。

戦争のための身元特定

いくつかの近代国家では、戦争が身元特定システムを作るきっかけとなった。誰が兵役に相応しいのか、誰が忠実な市民であり誰が反抗的な異分子なのか、識別する必要性から、大量身元特定プログラムが生み出された。しかしながら、より広く言えば、個人特定のような監視の特定の次元を文脈化する一助として、戦争と監視とは別の方法でも結びついていたのである。

一般に、軍事部門と監視との関係はあまり明らかとなっておらず、歴史的、社会学的にさらに追究する必要がある。クリストファー・ダンデカーが示したように、欧米における産業革命および市民革命が、軍事力の官僚化のきっかけとなり、ひいては監視能力の拡張を招いた。(原注62) 近代国家が軍事力をコントロールしただけではなく、近代戦争の強制力もまた、軍事領域で発展した官僚的監視を、より広い社会へと回帰させる役目を果たしたのだ。(原注63)「安全国家」の必要性が、軍事分野と国家との関係を緊密にした。秘密のベールの影で特定の活動や組織をじっと見張り、集団や移動に関する市民的自由を浸食し、新たなIDシステムへの欲求が高い領域で情報を蓄積した。(原注64)

エドワード・ヒッグズは、とりわけ一九一四年以降、英国における「情報国家化」が、大英帝国への軍事的脅威や、福祉国家の深化発展を受けていかに推進されていったのか、示している。(原注65) この時までは、兵役と市民権とのつながりはさほど強いものではなく、大陸の国でしばしば使われていたような「国内旅券」もなかった。しかしながら第一次大戦によって、人々は集権的国家との結びつきを強められ、個人データは収集・分析されることが増えた。リベラルな伝統、控えめな目的、限定的なテクノロジーのおかげで、この拡張は劇的なものではなかった。一般登録局（GRO）が、徴兵用のデータ収集を監督しており、これがさらに軍用品になり得る物資、鉱山、鉄道、農業などの労働者のデータとも結びついた。戦争難民の登録も、裏切り者から国を守るために続けられた。一般登録局は、諜報機関MI5に対して、敵性外国人の情報を提供していた。

英国では、徴兵について、強制的に行うか、それとも自主的な志願を募る方がよいかという厳しい議論の結果、最初の国民IDカードが登場した。(原注66) 英国では一九世紀半ば以来、出生、死亡、死産を記録した体系的な公的記録があり、ロンドンに集約されていた。結婚、結核感染、投票、精神障害、国民保険加入者、小中学校生徒についての記録もあったが、いずれも網羅的ではなく、頻繁な更新もなされなかった。ベアトリス・ウェッブは、国民IDカードシステム導入のために時間を費やした。そうした技術革新が、社会改良のために役立つと彼女は信じていた。しかし国民の登録を推進したのは、結果的には、一方では産業側の利益であり、他方では軍事的な目的であった。

一九一五年七月には、国民登録法のもとでの努力は、戦時内閣が執拗に求めていた結果を生み出した。依然として約一五〇万人が徴兵可能であることが分かったのだ。(原注68) 一九三九年九月には、「徴兵、公安、配給行政」のために、この構想が復活した。(原注69) サウスポート近くの、国民登録の本部が情報を蓄えており、配給手帳の更新にはＩＤカードが必要だった。日常的な警邏にも情報は転用されたが、これは平時には拒否されることとなった。一九五〇年、スピード違反をしていたウィルコック氏が、ＩＤカードを見せることを拒否して起訴された事件では、裁判所はこのカードは戦時の手段であるとしてウィルコック氏の権利を認めている（本章冒頭の二番目のエピグラフを参照）。配給システムは戦後、新たな保健サービスへと転換したが、ＩＤカードは不要となった。

大規模身元特定における一貫性と変化

人の移動が激しくなったことは、近年のＩＤシステムや国内旅券制度にはずみをつけた要因の一つではあるが、それだけではない。記録システムが焼き印やバッジ、紙やプラスチックの書類と結びつくと、確かに人の動きは統制しやすくなる。しかしながら、身元特定および、真実性への要求の高まりは、移動の資格があるのかどうか、前科があるのかどうか、そしてさらに重要なことだが、正当な権利を有する国民なのかどうかといったいくつもの社会的意味づけを有しているのだ。この最後者の区別は、民族や人種に関わる判断と結びついているが、その多くが偏見を伴い、排外的な性格を持っている。

特に一九世紀の近代国民国家の形成において、「フランス人」「イギリス人」といった区別が決定づけられた。ある集団の「本質的な国民性」が、他の集団の侵入によって脅威に晒される可能性があった。例えばイギリスの場合、リンダ・コリーが言うように、カトリック教徒であることは、インドやアフリカの植民地出身であると疑われた。(原注70)「危険な階級」は、文学や想像力を通して、異人《エイリアン》や未開民族と結びつけられ、「帝国を支えるよき中産階級」の対極とされた。(原注71)この点から考えて、身分標や国内旅券は、合法な存在と違法な存在とを対比させることによって、国民国家を強化していたと見ることができる。国境線を統制するように、職場や居住地域もかように統制できたのだ。

二〇世紀に入ってからも、さまざまな身元証明書類が出現している。一九二〇年代の運転免許証から、社会保障カード、そして健康カードやクレジットカードにいたるまで。(原注72)フランスの carte d'identite、ドイツの Personalauweis、ポルトガルの Bilhete de Identidaded など(米国ならば運転免許証や社会保障カード)が、あたかもIDカードのように使用されてきた。一九六四年にカナダで導入された社会保険カードについても、機能がひそかに拡大するのではというプライバシーの観点からの批判はあったが、同様である。要は、普通の市民は書類を必要とする際にIDを作ることに徐々に慣れてきており、当局の側では記録と並んでこうしたカードへの依存を強めている。

カテゴリー分けによって市民が作られてきたことを軽視してはならない。(原注73)官僚制を存立基盤とする近代国家は、人々を枠づけして扱うという事実に程度の差はあれ拘束されてきたのだ。スコットが記しているように、枠づけは国勢調査に始まり、「裁判官や警官が日常経験を組織化しているカテゴリーにまで到る。というのも、経験を構築する、国家の作った組織に、枠付けは埋め込まれているからである」。(原注74)さらにスコットは、旅券、IDカードなどが力を持っているのは、「役人が現実を理解し形成する出発点であるから」と続ける。(原注75)もし人が、法の前に立たなくてはならない時、あるいは、何らかの資格を獲得しようとする時、国家が提供する分類用書類は、まさに国家のために作られたものなのである。

結論

古代においては偶発的なものだった「書類への要求」は、近代においてはごく当たり前のものとなった。本章で示したように、国内における身元特定書類は、国外でIDに使われるパスポートと並行して、近代において散発的、つぎはぎ的に発展してきた。(原注76)犯罪の統制、植民地支配、徴兵などの必要性が、身元書類の整備をもたらしたが、少なくとも当初においては、人口の一部を対象としていた。身元書類の中に付された人種分類が議論を経て正当化され、国民の分類がシステム化された。もっとも、本章で描いたのは、重要な性質を際立たせた概略に過ぎない。細部については読者が、言及した資料等に当たっていただきたい。

二〇世紀を通じて、「人種的、合理的」な身元特定システムが拡大し、ここで言及したその多くの事例において、悲劇的な結果がもたらされた。そうした事例をただ単に知るだけでは、悲劇の永続を避けることはできない。例えば、ホロコースト以後のイスラエルがパレスチナ人を「分類」したように、時として残虐な行為の被害者が他者に同様のことを行うこともあるのだ。(原注77)これほど劇的な事例でなくても、安定的な国民IDシステムを構築する試みは、結果的に、民族カテゴリーを正当化し、それを確立・維持するための最も技術的に効率的な方法をもたらす。歴史は単一の論理には還元できないし、政治経済や、文化的潮流、地政学的な力における違いがあるとしても、上に述べた道筋は確かに存在するように思われる。

新たなＩＤシステムは、一方においては徴兵や徴税など、他方においては社会保障や永住権およびそれに伴う権益といった、歴史的には別個の複数の機能を組み合わせたものである。このシステムを拒否するのは一部の集団かもしれないが、とりわけ「危険な階級」と「移民」との境界線が曖昧な地域で、「排除された集団」と「疑わしい集団」が関連づけられていることは、気に留めておく必要がある。これから見ていくように、新たなＩＤカードシステムは、過去のシステムにまとわりついている忌まわしい歴史を脱することができるのかという問題が、市民の権利と責任という観点から重要である。

様々な人口集団が分類されている方法を瞥見することが、この問題に応える一助になるだろう。さらに、新たな分類の手段を検証することも必要である。身元特定に機械テクノロジーを導入した初期の努力（例えば、ナチスドイツにおけるＩＢＭ）は、今日では、むしろ当たり前になってしまった。第2章で見て行くように、今日のＩＤシステムは、テクノロジーに深く関わっており、最先端の情報通信技術のノウハウを十分に活用している。中でも分類、検索可能なデータベースは必須である。一つの「人種差別的」な事例から、あらゆるＩＤシステムに希望がないとは一般化できないように、新たなテクノロジーそれ自体がＩＤ問題の原因であるとは結論付けられない。他方、今まさに行われつつある国民ＩＤという試みは、「整序（＝並べ換え）システム」としての情報技術の能力を検証することなしには、理解できないものなのである。

第2章　整序《ソート》システム

人々やカテゴリーを統合するプロセスにおいて、個人の記録にかなりの歪みが加わる可能性がある。権力を持つカテゴリーに分類される人々が有利であり、彼らに力が与えられるのが自然に見えてしまう……

ジョフリー・ブロウカー&スーザン・レイ・スター(原注1)

一九四〇年、第二次世界大戦中のカナダでは、全ての国民が記録され、IDカードを持たされるという国民登録制度が導入された。この制度は、産業や政府に「必要な」人々と、徴兵され得る人々とを区別する考えに基づいていた。全てのカナダ人について、職業、技能、雇用状態、生国、移民かどうか、言語、健康状態などのデータが収集・記録された。しかし、スコット・トンプソンが示すよう(原注2)に、就職や公的サービスの受給にはこのカードが必要であったから、市民権を持たず、カナダ政府に登録されたくない先住民の人々の生活は非常に苦しくなった。その他の異人たち、および「共産主義者」たちには、さらなるIDや監視の手続きが導入されたから、彼らにとってカナダは一種の「収容所」となった。

国民IDシステムを導入するということは、国民をよりよく「見える」人々と、それ以外の人々に順位付けし、仕分けるということである。コンピュータが発明される以前の時代においても、テクノロジーにかかわらず、こうした整序《ソート》が身元特定システムの核心をなしていたことは、実例で示した。

しかしながら新たなテクノロジーを使うことで、IDシステムの整序能力が大きく拡大したことも事実である。現在開発中の、英国におけるIDカードシステムでは、IDカードに名前、住所、生年月日、性別、国籍、そしてバイオメトリクスが含まれている。このカードシステムには、不法な移民雇用の排除や組織犯罪およびテロリズムの防止などが目的として掲げられているが、こうした問題に関わっているのは英国民のうち僅かな部分に過ぎない。こうした目的は、テロリスト／非テロリスト、詐欺師／非詐欺師、合法移民／不法移民といった区別に依存している。しかしソフトウェア・コードを使ってこうした単純な区別を行うことは、線引きにまつわる微妙な問題を危機に晒すことにつながるのだ。

問題となっている社会的カテゴリー分けは、いずれも高度な脆弱性を含んでいる。テロリスト（およびその傾向を持つ人）と疑われる人々は、定義上、社会全体の中ではマイノリティであろう。政府による給付やサービスを請求する人々は、既に社会の中で不利な立場に置かれている。移民たちは、合法であれ違法であれ、やはり相対的に無力なグループである。新たな身元特定の枠組みが、マイノリティ（とりわけムスリム）に与えるリスクについて、特に九・一一以降、多くの文章が書かれているし、広く知られてもいるだろう。

それにとどまらず、監視にまつわるカテゴリー分けは、時に融通無碍となる。ペンタゴン（米国防省）による学生のEメール監視の事例がそのことを示している。二〇〇三年に立ち上がった、タロンという名前の国防省のデータベースは、テロリストの疑いのある人々のメールを監視しているが、監視される人の中には、イラク戦争に反対した学生や、「アースデイ」のイベントに自転車で参加した人も含まれていたのだ。(原注3) 新たなＩＤシステムによる「社会的整序」は、人種差別を受けているなどの弱者や少数派の人々のみならず、予期せぬ集団をも巻き込んでいるのだ。

本章は、「監視としてのＩＤカード」の問題に正面から取り組む。今日の「国民ＩＤカード」を何が構築しているのか、そして、データベースがいかに身元特定プロセスにおいて中心となっているか、示したい。身元特定においてデータベースがあまりにも重大であるため、それにかかわる監視能力もまた大きなものとなっている。ＩＤカードシステムにまつわる監視は、それまでのものと比べて独特な性質を有している。書類によるシステムよりも分類がしやすいのだ。いくつかの関連するメカニズムを通じて、新たなＩＤカードシステムは、市民権の範囲をより排他的にし、「アイデンティティ・マネジメント」の基準にしたがって、「好ましい」人と「好ましからざる」人を弁別する。バイオメトリクスの利用によって、この過程がさらに増幅するだろう。

もちろんこのことは、旧来の個人記録や書類が、集団ごとに異なった扱いをするという差別的な意図を持つものではなかった、ということではない。官僚組織がそうであるように、差別やステレオタイプ化があったのだ。だが自由裁量により、個別の面談などを通じてある程度の柔軟性があった。また、ステレオタイプ化は、判断をする際の単純化に由来する。(原注4) しかしながら、オートメーションおよびステレオタイプ化によって、自由裁量の余地は、良くも悪くも小さくなり、新たなＩＤシステムによって厳格に決定が行われるだろう。ステレオタイプ化のように、システム作成者の偏見がシステムに入り込み、そうしたシステムが日常で使用されると、ある種の集団あるいは個人に対して、悪い結果をもたらすかもしれない。(原注5)

新たなＩＤカードシステムは新種の監視とも言えるが、「社会的整序」を容易にするという点では、他の現代の監視と重要な性質を共有している。(原注6) 検索可能なデータベースや、データ・マイニング(原注7)(訳注5)のようなそれと関連する技術を使うことで、肌理の細かな「社会的整序」が可能となった。これは射程の長い傾向であって、影響も広範囲に及ぶ。人々を分類してグループ分けし、そのグループごとに他とは違った取り扱い、条件、サービスを提供するのである。新たなＩＤカードは、国民国家の成員としてふさわしい人々（市民権を持つ人、および、完全な市民権を持たないが永続的もしくは一時的な居住を許された人）を包摂し、それ以外の人々（市民権を持たず、かつ、好ましからざると考えられる人）を排除するのである。

ＩＤカードと記録

新たな国民ＩＤシステムでは、目に見える部分はＩＤカードだが、実際の監視権力はむしろ、記録データベースの方にある。旧来のＩＤ書類では、当該国の市民権にまつわる情報が書類もしくはカードに記され、数字や写真、指紋といったものが付されていた。今日のプラスチック国民ＩＤカードでは、写真や文章だけでなく、チップも埋め込まれている。マレーシアの「マイカド」や、イタリアのＣＩＥ、日本の住基カードや外国人登録証が例として挙げられる。様々な国におけるＩＤカードの発展を見てみると、新たなＩＤシステムへと向かう国際的な潮流が間違いなく存在する。政府の効率を向上させるため、国家の技術政策の「看板」にするため、身元詐称を防ぐため、法律執行の新たな手段にするため、「テロとの戦い」の鍵的要素にするためなど、目的は多様であるが。
ここ数年のメディアの論調からも分かるように、新たなＩＤシステムの導入は常に議論を伴ってきた。例えば英国、米国、フランス、オーストラリア、日本、韓国など、みなそうである。しかしこうした論争も、ほとんどの場合、変化の核心には届かなかった。その大きな理由は、議論の焦点がカード自体や、警察がその携行を義務づけるのではないかとのおそれに当てられていたからである。市民の自由という観点からは、もちろんこうした事柄も重要ではあるのだが、より注目すべきなのは、新たなＩＤカードが電子的インフラに、とりわけ国家レベルの記録システムに依存しているという点である。国家ＩＤであるかどうかにかかわらず、あらゆるＩＤカードシステムの監視権力の源泉はそこにある。人々を異なったカテゴリーに分け、それぞれ違った扱いをするために。(原注8)
ＩＤカードをより詳しく検証すればさらにこの点を示せる。多くのシステムの場合、ＩＤカードに記されているのは、名前、番号、顔写真、組織の記章、そして機械が読み解く部分（チップ、磁気ストライプ、光学バーコードなど）である。しかしカードにおいて可視的な部分は、まさに「氷山の一角」である。こうした各要素の背後には、まさに氷山と同じように、見えない「技術的‐組織的装置」が存在しているのだ。氷山の大きさを測定するために水中を音波で探査するように、国民ＩＤカードシステムにおける、ポケットの中のプラスチックのカード以外の部分をも、図２・１に示した。(原注9)
もし氷山が大きければ、たとえ気候などが安定していても、航海に乗り出すのは危険である。カードそれ自体は、他の社会‐技術的システムの要素と比べて小さいとしても、それは安全なのか、危険なのか？

図2・1　イタリアのＩＤは、今日の「新たな」国民ＩＤの典型と言える

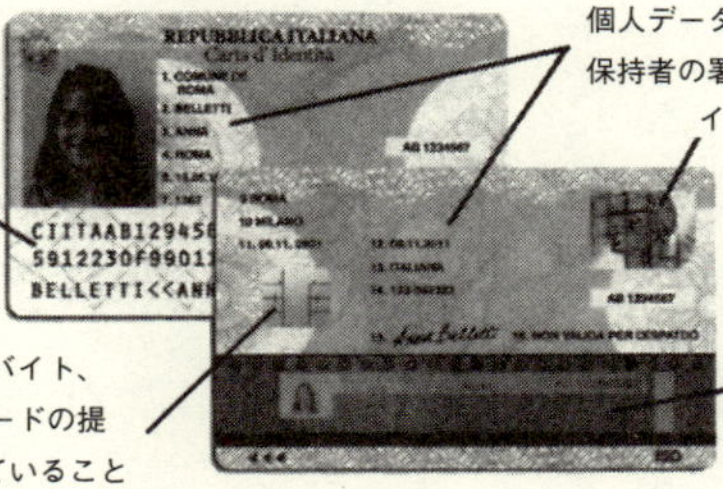
ICAOと互換性のあるMRZ（機械可読領域）：発行機関の名称、姓、名
個人データの印刷、およびカード保持者の署名
イタリアの記章
マイクロチップ（16キロバイト、ほどなく32キロへ）：カードの提示者と所有者とが一致していることをデジタルで認証：国家および地方自治体のサービス情報を保持し、デジタル署名機能も持つ
レーザーで読み取り可能な記憶デバイスおよび、高速での認証を可能にする光学可変デバイス。国によるサービスともリンク可能。複数のバイオメトリックデータを蓄積することができ、カード番号とデジタル写真がホログラフィーで埋め込まれている。

接続されたデータベース

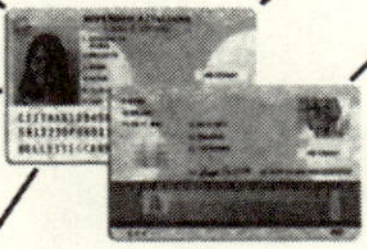
内務省：地方自治体のための情報システム：ログ、記録、個人データの更新　単一の通し番号
徴税コード局
イタリア人口登録センター：集中化した単一の人口インデックスを有する
INA（イタリア中央データ交換局）
データベース：保健システム、保持者のカードと緊急健康情報を結ぶ
民間事業者のためのデータベース：銀行、通信会社、EU運転免許
関連するあらゆる公共サービスのデータベース

1．監督：CNIPA（かつてのAIPA）　国家行政革新局
2．発行当局：IPZS「イタリアン・ミント」テクノロジーを内務省の通し番号と合わせてカードへ応用する政府所有企業
3．テクノロジー企業
　A．ドレクスラー・テクノロジー・コーポレーション：選択メモリーカード
　B．レーザーカード・システムズ・コーポレーション：光学カードの開発、マーケティング、販売
　C．レーザー・メモリー・カード（イタリアの株式会社）
　D．L．C．システマ・S．P．A　光学メモリーカードおよびその読取・書込装置の製造

政府は、IDカードには表から見えない部分が大きいことを積極的に説明したがらないが、興味深いことに、多くの国で一般の人々が、水面下にある「データの氷山」から得られるとされる利益について、用心深くなっている。二〇〇六年に実施された九ヶ国での国際調査では、それがはっきりと出た。ハンガリーのように、国民IDカードを必要とする人が多い（七七％が国民IDカードを強く支持すると回答した）国でも、政府による国民データベースのデータ保護が「非常に有効」と回答した人は一一％に過ぎなかった。日本を除く他の国々、具体的にはカナダ、米国、フランス、スペイン、メキシコ、ブラジル、中国では、国家規模のデータベースやそこでの個人データの安全性について、IDを持ち歩くことについての肯定的な回答とは対照的に、かなりの注意を要するとの回答が支配的であったのだ。(原注10) 程度の差こそあれ、IDカードが国家規模のデータベースと結びついた時に、巨大な危険が生じると、世界の人々は見ている。

コンピュータを基盤とした身元特定システムは、二〇世紀になって出現したものだが、急速に世界に広まって行った。国民IDというシステムは、日常生活に干渉する潜在能力を持っていたが、導入時には実際にはありそうもないと思われていた。しかしながら現在の情報技術は非常に強力になり、洗練もされている。効率や生産性が高まるのは事実だが、同時に市民の自由や人権についての疑念もまた呼び起こすのである。

その理由は、行政側が行う身元特定に、現在では社会的整序のための自動システムが含まれているからである。新たなIDシステムが、質的に変化した点は、検索可能なデータベースと情報通信とを使っているところである。ネットワーク化したデータベースはIDカードシステムの監視能力を高め、他の行政システムと接続するだけではなく、それ以外の情報システムに対しても手段を提供するのだ。移民や反テロリズム、なりすましなどの領域に関連して、社会集団間の分類・差別にまつわる議論でも既に、検索可能なネットワーク・データベースを使うという決定は「決定的な差異」をもたらすとしている（原注11）。身元特定システム、とりわけ国民ＩＤカードシステムは、監視社会の重大な次元をなしているのだ。

技術決定論的ではない形で、新たなテクノロジーの採用がまた違った帰結をもたらすことを観察しておくのは有益だろう。こうしたシステムを使う人々の外観およびふるまいも、テクノロジーとの相互作用によって変化するかもしれないのだ。本書では多様な種類の変化を扱うが、その中には個人と集団を媒介するテクノロジーの持つ遠隔化作用や、テクノロジーの能力や安全性に関する信念の増大（肯定的、否定的の両方があり得る）、表向き可能になった場合にテクノロジーによる「解決」を求める傾向、などが含まれる。こうしたそれぞれが、監視としての身元特定の広がりに影響を与える。

新たなＩＤカードは、監視システムであり、こうした種類の監視は二〇世紀の後半から成長した。その特徴として、人間から抽出したデータを中心とし（原注12）、自動化され、アクセスコントロールなどのコントロールと結びつき（原注13）、特定の範囲を完全に覆い尽くすことを目指す（原注14）。ＩＤシステムの場合、バイオメトリクスによって身体に正統性が保証される。データベースとカードとは、自動で機能させるために電子的につながれ、しばしばＲＦＩＤが使われる。旅行や商取引のためのアクセスコントロールにも関わる。国民ＩＤカードシステムは、国民全員、少なくとも成人全員をカバーするものだ。

ＩＤカードとデータベースとの連携は、このシステムが社会的整序のためであることを意味する。

しばしば民族や宗教を含む項目で国民をカテゴリー分けすることで、さらなる差別を助長しかねない。一九四九年に作られた、イスラエルのテウーダト・ゼフート（Teudat Zehut）というIDカードを例に取ると、このシステムではユダヤ、アラブ、ドルーズなど、さらにコーカシアンやベドウィン、そして「非ユダヤ教徒」を含めて百を越える選択肢を作っていた。二〇〇五年の新たなIDカードでは、民族という項目はなくなったが、ユダヤかどうかは生年月日でチェック可能となっている。ヘブライ語での記載は独特だからである。いかなる国においても、排外的な偏見を避け、個人データを扱う際の「説明責任」を備えたシステムを作ることが、急務であり、重要な課題ではないだろうか。この課題をさらに追究するための最初のステップは、「資格」と「可読性」との関係を考えることである。

市民権：資格と可読性

新たな国民IDカードシステムが、旧来のものと異なっている理由を探究するために、資格と可読性との関係を考えよう。様々な権利やサービスを受ける「資格」は、誰が正当な市民であるのかを正確に示す身元特定システムによって保証されるだろう。いわゆるeガバメント（電子政府）の枠組みは、例えば税金や保健の分野で、市民に正統性を要求するのだ。しかし、資格を証明する道具は同時に、国家による「可読性」を増す手段ともなる。身元を特定する手段によって、国民が直接に政府の眼に晒されるのだ。ジェームズ・スコットが、政府のこうした側面を一般に「国家のように見る」と言ったのは、まさにこの意味である。（原注15）

多くの人は市民権を当たり前のように感じているが、実は問題を孕んでいる。とりわけ、避難所を求める難民や、国外で出生した子供にとってはそうである。どうしたら本物と偽物とを区別できるのかと、政府は訊ねるだろう。その答えは、当該の人物のアイデンティティを証明する、信頼できる手段を見つけることだ。近代国家は、国民を名付け、数え、分類する能力から、一部構築されている。したがって、出生証明書のような証拠を要求したり、市民権を有する人を国勢調査によって調べたりするのである。二〇世紀には、誰が本物の市民なのかをチェックするために、IDカードやパスポートが使われることが増えた(原注16)。

近代国家の揺籃期である約二百年前、市民権の問題には現在よりも注意が払われていた。市民権とともに、多くの権利、特権、責任が、次第に登場し、それぞれが個人と結びつけられた(原注17)。ある家族や氏族、階級の一員であることは、ある特定の場所で特定の両親のもとに生まれたことを証明するのであって、市民権との関係は薄い。かつては宗教的な意味を持っていた出生、結婚、死亡などの詳細が、今や政府にとって新たな意味を持つようになったのだ。国家は、資格のある人にのみ市民権を付与するために、明確な基準で個人を識別しようとした。

個人についての細かな情報を跡づけ、監視して、可視的な形にすることは、非常に両義的である。一方においては、投票や教育、保健などの点で、市民に大きな利益が得られるだろう。だが他方では、市民の活動を制限するために国家がそうした情報を利用したり、果ては、ある種の国民を下流民《セカンドクラス》として差別し、ひどい扱いをすることも可能なのだ。前章で触れたように、一九三〇年代、ドイツのナチス政権は、初期のIBM製機械を国勢調査や住民登録、血統調査などに利用し、望ましからざる「ユダヤ系」を、望ましい市民である「アーリア人」と区別した。一九九〇年代のルワンダでは、ベルギー植民時代のＩＤカードシステムが、フツ族がツチ族を虐殺する標的とするのに利用された。両方とも、結果として起きたのは大量虐殺である。(原注18)

今日、メキシコからモロッコ、モンゴルに到るまで、あらゆる国民国家は、個々の国民を記録する複雑かつ洗練された手法を手にしており、雇用、教育、保健、徴税などの分野で大規模なデータを保持している。そして二〇世紀末には、こうした記録の大部分がコンピュータ化された。そのことで、少なくとも理論的には、(原注19)効率は上昇する。大量の情報の蓄積ならびに伝達が可能となり、遠隔からでもデータベースが検索可能となる。しかし、国家による監視の持つ両義性は、決して消え去らない。むしろ目立ってきたと言える。例えば、身元特定システムは、国民と政府部局との相互作用を単純化し、情報や便益へのアクセスを容易にする。しかし同時に、ある一定の人々を他の人々の犠牲の上に優位に置くような、正当性が疑わしく、時として危険な国民間の差別を、引き起こす可能性があるのだ。

日常のレベルで、政府と国民とのやり取りがオンライン化されることで、例えば運転免許証や福祉受給といった証明は、微妙に、だが確実に、変化する。この変化の鍵となる性質の一つは、国民を層に分けることであり、それを上下に並べること（＝整序）である。英国では、オンライン・サービスでの「アイデンティティ・マネジメント」が、緊急の課題となっている。政府の部局は、取引の相手が正しいことをいかに確認できるのか？(原注20)　市民とオンラインで取引することのリスクを、政府はいかに低減できるのか？　テイラー、リップス、オーガンが言うように、「サービスの向上、コストの削減、危機管理の外注サービス」を求めることは、「政府が国民のプロフィールをより深く知ることにつながる」。(原注21) つまり、国民は政府にとって、より可視的な存在となるのだ。

運転免許証を使う場合、基本情報が「ガバメント・ゲートウェイ」を通って既存のデータベースとして突き合わされ、そのドライバーが過去に、例えば免停になっていないかどうかを確かめる。その後にデータはエクスペリアン社（大規模データ処理企業）に送られて、官民の多数のデータベースとの照合作業により、そのドライバーの「信頼度数」を算出する。その度数が高かった場合には、例えば「メール注文企業」よりも「決裁銀行」の顧客データベースの中で、高い査定が与えられるだろう。スコアが水準に達しないと、望んでも次のステージに進めない。

「eベネフィット」の請求者についても、同様の変化が起こっている。テイラーらはこの事例を、「階層化」というより「垂直的整序」としている。英国においては、請求者を、政府のデータベースのみを用い、リスクの度合に応じてカテゴリー分けしている。請求者の間違いや詐取に関して、信頼度を計るためである。請求者との初回の面接のあと、データが収集され、請求者はリスクのカテゴリーで分類される。例えば住宅手当の場合、年金受給者は最低ランク、民間の施設に住むシングルペアレントは最高ランクである。地方自治体の担当者は、リスクの高い人々については、再調査することが前提となる。こうした社会人口学的なグループ分けによって、請求者ごとに、違った対応が帰結するのである。

なぜ社会的整序が中心的なのか

二一世紀の初め、いくつもの新たな国民IDシステムが発展した。マレーシアのマイカドや、日本の住基ネットは、二〇世紀末の官民のベンチャーに起源を持つが、イタリアや英国（二〇〇六年三月の議会で承認された）では、九・一一への反応や、「テロとの戦い」との側面もある。米国ではまだ国民IDシステムを開発していないが、かつては州ごとであった運転免許証システムを、連邦で統合・合理化しようとの試みは、事実上の国民IDシステムを作るものである。カナダでは、国民IDシステムを開発しようとの明確な計画はまだないが、行政および公安の論理によって、そちらの方向に向かっている。（原注22）

これまでも多様なIDカードが使用されてきた。既に記したように、近代においてIDカードは、行政の効率化や、植民地主義、犯罪管理、戦争などと結びついてきた。（原注23）旧来のこうしたカードの焦点は、アイデンティティを証明する必要に応じて、カードを作るというものだった。しかしながら、新たな国民IDカードのシステムは、国民自身の要望とは離れたところで、個人情報を検索・照合することができるデータベース（例えば英国の場合には単一ではなく複数のデータベースだが）を利用している点で、旧来のものとは違っている。カードに含まれている身元証明機能は、それだけではなくデータベースを開く鍵となり、よかれ悪しかれ強大な権力の源泉となるのだ。（原注24）このことを理解するために、私たちは過去を振り返り、新たな、そしてしばしば多目的な、国民IDシステムが開発されてきた文脈を確かめておかなくてはならない。

一九七〇年に「マイクロエレクトロニクス革命」が起こり、情報の蓄積、更新、処理、伝達は飛躍的に拡大した。蓄積や処理だけでなく通信も容易になったのだ。個人データが部局間で簡単に受け渡し可能となり、それまでは公的な許可や法律による保証が必要だった事柄が、日常的なものとなった。官僚制的な効率から言えば、コンピュータによる通信が登場し、顧客と雇用、教育と警察などの部局間でのデータ照合が可能となったことで、組織の力が増した。他方、一般市民の側からすると、自分の個人記録がどう使われているのかに対して、意見を言う機会は減っている。

政府部局のコンピュータ化は、ロジャー・クラークの言う「データ監視（Dataveillance）」の時代を到来させた。クラークは「データ監視」を、「一人以上の人間の、行動や通信の調査・観察に、個人データシステムを使うこと」と定義付け、これによって「個人的監視」よりもよそよそしい、「大量監視」が可能になるとしている。(原注25)「個人的監視」というのは、特定の容疑者の追跡といった事柄を指し、「大量監視」は、監視組織の利害に沿って大量の人々をカテゴリー分けする手段である。一九七〇年代以来急速に拡大した情報通信能力によって、意思決定はさらに洗練され、知識と効率を最大化するとの名目でより多くのデータが集約される「データ専制」がもたらされたのだ。

クラークが二〇年前に論じたように、信頼できる身元確認法は、当時彼が「書類社会」と呼んだものを現実化するのに必須である。様々な目的でデータを収集するデータシステムがあり、それを情報通信を使って結びつけても、効率的な「データ監視」を発展させるためには確かな身元特定がなくてはならない。逆にそれさえあれば、中央集権的あるいは国家的なデータベースは要らない。データ・マッチング（記録の連携）でデータを結びつけることで、安全の確保、誤りや詐称・濫用の除去に寄与し、政府においては徴税や福祉が、民間部門でも金融や保険サービスが効率化する。同時に、表面的なデータ・マッチングによって、以前は存在しなかった疑惑が現れ、危険もまた現実化するのだ。

表面的という表現を使ったのは、多くのマッチングでこれまで間違いが起きたからである。二つ以上のデータベースを照合する統計・情報技術（一九七〇年代以来普通に使われている）において、これまでもしばしば誤った「一致」があった。クラークが「データ監視」を論じた八〇年代半ばとほぼ同時期に、ゲイリー・マルクスやナンシー・ライヒマンも、ニューヨーク州におけるデータ・マッチングの約半分に間違いがあったことを示した。(原注26) 中でも最も多いのは、入力や更新に関する人為的なミスである。マッチングが拡大した今日では、誤りの起こる機会はより大きいのではないか。特定の個人（福祉詐欺やテロとの関係を疑われる人など）のプロフィールをデータベースとマッチングして、精査が必要な人々を選び出すという手法も使われるだろうが、それだけではなく、例えば福祉や失業保険などを請求しようとする人々に対して、データベースとのマッチングを行うことで「事前に」チェックすることさえ、行われているのである。(原注27)

一九九〇年時点で、データベース検索を簡単にするソフトウェアは既に開発されていた。ローレンス・レッシグが指摘するように、人を観察するかつてのシステムは、違いに注目するだけであって、検索可能な記録の収集まではしていなかった。だが今日の情報機械は、あらゆるやりとりを記録し、検索可能にしている。(原注28) これがプロファイリングを可能とし、オスカー・ガンジーの言う「パノプティック・ソート」（一望監視的整序）をもたらしている。(原注29) パノプティック・ソートとは、人々を異なった階級に分けて差別するものである。例えばインターネット利用者であれば、そのサイトを訪れた回数によって、飛行機によく乗る人であれば、ある航空会社に「忠誠」を尽くした見返りに、何かよりよいサービスが受けられるかもしれない。これは顧客を特定のやり方で操作するものではないにしても、私たちはこうしたことに慣れてしまっている。すなわち、カテゴリー自体がある種の行動を可能にし、私たちの自己認識や他者認識にも影響を与えてしまう。(原注30)

検索可能なデータベースは、システムが差別的な判断を行うことを可能にし、人によって異なった扱いができるようになる。こうした差別的な判断は、個人にとってマイナスに働きやすい。(原注31)データ保護法やプライバシー法制(原注32)がそうした行為に枠を嵌めても、技術変化に対応するのは難しく、規制をかいくぐる人々は必ず出てくる。IDカードシステムの場合、その個人識別によって、さまざまな種類のデータベースへのアクセスが可能であり、さらに数多くの、多目的のデータベースが関わってくるだろう。もし英国のIDカードシステムが、PRしているように「なりすまし」を防ぐためのものであれば、移民や保健といった政府業務に関連するものだけでなく、銀行やクレジットカードなどの民間データとの結合も想定されているのだろう。

監視におけるコンピュータと通信能力との結合は(まさにIDシステムもそうだが)、間接的な形で、さらに特別な影響を及ぼす。つまり、技術面や商業面で、専門家への新たな依存が始まるのだ。アウトソーシングの時代において、組織官僚制の内部の技術者やビジネスマンの役割は重要度を増した。個人データの扱い方を大枠で決めている、技術的(通常はソフトウェアによる)、ビジネス実践(情報管理)的な優先順位を考慮すること抜きに、個人データの監視を理解するのは不適切である。もちろんこの傾向を可能にしたのは、われわれがこれまで議論してきたテクノロジー革命を伴った、経済のリストラクチャリング（再編）である。グローバル化や、アウトソーシング（現在はＩＤシステムにも適用されつつある）も、これによって後押しされた。

ＩＤカードシステムの発展においても、組織管理におけるテクノロジーとビジネス実践との相互作用が起きているのだ。いかなる情報システムにおいても、記録更新のカギは、一貫性を保つことであり、できれば身元を特定すること（この場合には国民一人一人）である。イタリアの場合を見ると、システムを作ったレイザーカード社は多国籍企業であって、インド、サウジアラビア、カナダにも同様のシステムを納入しているが、作業はイタリアで行っている。こうした企業は、情報保護の効率性、信頼性、品質の面で信頼を得ている。しかし、ある視点から見た効率性が、別の面から見ると、社会管理を、より正確に言えば、微妙な形の統治形態を、もたらすものかもしれない（原注33）。この統治はいったいどこに由来するのか？

国民ＩＤシステムは、社会管理を増大する手段と見ることも可能だが、同時に、技術的・商業的な専門知識の産物という側面もある。いわゆる「スマート」カードが商業的に使われるようになってしばらく経つが、それが行政という市場に入ったのはまだ新しい（原注34）。この分野の企業として、レイザーカード以外にも、カリフォルニアのマウンテンヴュー社を挙げることができる。同社は一九六八年に設立され、民間および行政における個人書類のセキュリティを得意としてきた。他にも同様の企業としては、ゲマルト社、ギーゼッケ・アンド・デブリエント社、シャープ、サゲム・オルガ社、オベルチュア・カードシステム社がある。こうした企業のＩＤシステムは、バイオメトリクス・パスポートなども含めて、オンラインのインターネット世界で開発されたアイデンティティ管理の技術に依存している。つまり、ウェブサイトへのバーチャルなアクセスを誰に許すかという規制様態が、現在では、現実世界における国境管理や国民のカテゴリー分けに応用されているのである。この問題は次章で、さらに詳しく扱う。

身元確認（その人物が当人であること、および、関連するデータベースでの当人の情報のチェック）に、バイオメトリクスの利用が増えたことも、考慮に入れるべき点の一つである。あらゆる新たなＩＤシステムは、何らかの形で、身体の特徴に基づいた生体認証を使っているのだ。具体的には、指紋、掌紋、虹彩、顔の形状などが、旅券やＩＤカードシステムに使われている。バイオメトリクスを使えば、なりすましの危険は減り、安全性が高まるという考えからである。社会保証番号やパスワードは、忘れたりなくしたりする危険があるが、身体は常に利用可能であり、その人と記録とを直接につなぐ手段を提供する。ただ、バイオメトリクスの利用によって生じる監視の問題も存在する（この問題は第5章で論じる）。

政府機関の、旧来の官僚制的論理が、アイデンティティおよび身元特定に満ちた現在の世界では、バイオメトリクスやネットワークによる身元特定を通じて、機能しているのである。この世界では、資源へのアクセスを有している人々（国際的なビジネスマンや旅行者など）は動きやすく、彼らの身元特定システム（クレジットカードから航空会社のカードまで）がその「動きやすさ」を加速させている。しかし、その対極にいる人々、例えば移民労働者や失業者、難民、ムスリムやアラブ系の名前を持った人などにとっては、こうしたシステムは彼らの国内的および国際的な移動を、阻害する方向に作用する。二〇世紀型の旧来の市民権では、教育、福祉、法制度などへ市民を包摂することが強調されたが、IDシステムなどに代表される新たな市民権では、好ましからざる性質を持った人々の排除が強調されている。

こうした排除型の統治のことを、ディディエ・ビゴは「バノプティコン」と呼んでいる。ベンサムの「パノプティコン」が、全国民を福祉国家へと順応させる目的であったとしたら、今日のバノプティコンはそれとは違っている。福祉詐欺やテロとの関連が疑われる人々が、何もしないうちから罰せられるのが現在のシステムだとビゴは言う。「彼らをカテゴリー分けし、過去の傾向からプロファイルを予想し、それを未来に投射することで各人の予期されるふるまいを潜在的なリスクカテゴリーに割り当てるのだ(原注35)」。これは一般的な介入ではなく、標的を決め、情報やテクノロジーを用い、政府資源のカスタム化した分配を通じて、リスクのない社会を作っていこうとするものである。(原注36)これにはさらに広い次元もある。

南北の政治・経済的格差が拡がるにつけ、豊かな北側諸国に対する抵抗もまた新たな、予期されない形を取るようになった。とりわけ、西洋に植民的・経済的支配を受けていたアラブ諸国の根深い屈辱感は、重大な国際問題とされているグローバル・テロリズム(ある種の永続的危機)を産む土壌となった。その(歴史的ではなく)象徴的な始まりである九・一一事件は、「誰が良き市民なのか」を明確に決定する、監視および身元特定システムの急拡大をもたらした。(原注37)しかし難点は、現代においては、多数の人々が動いている、という点である。市民権だけではなく、その状態(一時的、永続的、国家的)に基づいて、人々を分類しなくてはならないのだ。これまで見てきたように、検索可能なデータベースは既に、社会的な分類およびカテゴリー分けを容易にしている。監視を推進する側からすれば、テロ事件はむしろ賜物なのだ。

しかし、新たなIDシステムは、かつて身元特定によって保証されると考えられてきた市民権（移動の自由、欠乏からの自由、法の前での平等、など）の現実について、問題を投げかけている。そうした権利が、グローバル化によって影響を受けているのだ。政府側では、国境および国内での警戒・管理のための身元特定手続きを「調和」させる方法を模索しているが、これもやはり新たなテクノロジーによって可能になったことだ。バイオメトリクス・パスポートの標準を決めるなど、このプロセスで活躍している機関がICAO（国際民間航空機関）であり、英国の国民スマートIDプログラムの標準化もICAOが行った。MRTD（機械で読むことのできる旅行書類）分野における、身元特定のための「グローバルに運用可能なシステム」の開発を行う国際会議が既に開かれている。(原注38)

人々の移動や取引に規制をかけること、および、技術標準の「相互運用可能」な合意を図ることを通じて起きている「監視のグローバル化」(原注39)は、検索可能なデータベースを用いる社会的整序システムと結びついた「累積する不利益」（オスカー・ガンジーの表現）を助長するように思える。(原注40)オスカー・ガンジーが挙げているのは、保険会社による差別的な契約のために、人種による差別が悪化するという事例だが、同種の整序メカニズムが、移民や難民など、国際レベルでの「累積する不利益」をもたらしているのではないだろうか。この問題は第4章で主題として扱う。

整序は新たなIDシステムの中心である。それによって、「遠隔地からの統御」が可能となる。ケヴィン・ハガーティとリチャード・エリクソンは、それまで様々な形でバラバラに行われていた記録や観察、追跡、位置づけ、身元特定などを、より高度な分析が可能となるように個人ごとに統合しプロファイル化することを「監視集合」（surveillant assemblage）と呼んでいるが、(原注41)新たなＩＤシステムが推進するのはまさにこの「監視集合」である。特に、九・一一テロ以降の国際的な警戒および対テロ活動で、(原注42)このことは顕著だが、それればかりでなく、国際的な金融取引など、より日常的な事柄にも影響は及んでいる。国民ＩＤなどで身元特定が改善されると、情報を基にした社会的交流の多くの要素が効率化されるが、その中には「監視集合」も含まれているのだ。

監視的整序の方向性

身元特定も市民権も、近代世界に属している。市民権は次第に、個人記録が必要な、個人的な事柄だと見られるようになってきている。ある個人を他の個人から識別する必要性から、このことは現在、政府部局間をまたいだ広範囲の「データ監視」の出現を引き起こした。このシステムが構築の目的としていた社会的整序が、容易に可能となった。こうした身元特定が行われる領域は、政府を越えて拡がっている。

ジェームズ・ルールが三十年以上前に指摘したように、例えば前章でも書いたが、米国では運転免許証が身分証明として使われることがよくある。(原注43)国境警備やなりすましの防止、政府や民間の情報管理（ビデオレンタルや、半ば公共的な図書館なども含む）のために、多目的に使えるＩＤを求める動きが強まっており、既に見たように、身元特定と同じ水準が、現在では国境においても求められている。

この話を、技術進歩という文脈で読むことも可能だけれど、それだけではない、意図せざる結果があると私は考える。ＩＤカードシステムが使われる領域を個人が納得していたとしても、システムが個人の表に出ている情報を取得するのは、始めるより止めたり方向転換する方が難しいのだ。「テロとの戦い」といった議題《アジェンダ》が、好ましからざる集団の入国を妨げ、クレジットカード詐欺への対策が、新たなＩＤシステムを作ってしまう。古典的官僚制が要請した抽象的・非認証的な管理というものが、ここで掘り崩されているようだ。

ＩＤカードシステムは、個人と身元とを一対一に対応させ、政府の活動にとってきわめて重要である。テロ対策から情報制御にまで使える。しかし、政府（現在では企業や技術集団と連携している）に与えられた身元を特定する権力には、それ固有の問題がある。英国の場合、ＩＤシステムの目的の不明確性が、その進歩を評価する際の鍵的な問題なのである。（原注44）

それに付随して、整序のシステムがどの程度の情報を収集するのかという問題もある。明らかに、より多くの情報を求めようというのが、現在の傾向である。ビジネス、行政、法執行機関など、種類の違うデータベースの情報が、「公安」のための適切な情報源だと見られるようになっている。しかしその背後で、データを集める理由が、言わば「リスク」から「予防」へと、微妙に変化している。データ収集の新たなテクノロジーだけではなく、その裏側にある動機づけもまた非常に重要なのだ。ルシア・ゼドナーが指摘していることだが、「予防」という考え方は環境科学の分野から出現した。気候変動に関する議論に見られるように、たとえ証拠が十分でないと主張する一派があっても、行動を開始する必要があるとするものである。（原注45）しかし、もしこの予防という考え方が犯罪統制やテロ対策で個人に対して導入されると、例えば「場合に応じて」個人データを収集するなど、「先制的行動」

を行うための正当化をなし、人権や市民の自由に対して破壊的な影響を与えるおそれがある。

身元特定による整序システムには、他にも難点がある。例えばIDシステムに使われているバイオメトリクスの信頼性の問題や、(原注46) あるいはシステムのグローバル化に伴う認証プロセスの遠隔化がある。こうした問題は第4章と第5章で扱う。また、人々を分類する基準の不透明性という問題もあるだろう。テロ対策の名のもとに、誰が「ブラックリスト」に載っていて、誰が「飛行機に乗れない」のか、見つけ出すのは非常に難しい。長くリストに載せられていた人も大抵、それを不意打ちで知って驚くのである。カナダの学者、歌手、活動家であるテレサ・ヒーリーは、その直前に病院で放射能検査を受けたばかりであるにもかかわらず、二〇〇七年に米国との国境での検査ゲートを彼女が通過する際に(核爆弾対策のための)放射能警報が鳴った。テレサは列を離れて尋問を受けた。彼女が一九八〇年代に、平和デモ行進に参加した際の指紋ファイルを、係官が保持していたためだったのである。同様に、六七歳のアンドリュー・フェルマーも、やはり二〇〇七年に米国との国境で止められた。禁止されている麻薬を使用していたというのが理由だが、彼はセラピストであり、一九六七年および七五年に、合法的に入手したLSDを使用して実験を行っただけだったのだ。(原注47)

整序システムの政治

新たなIDシステムはかように、特定され分類される人々にとって重大な意味を持つものだが、その内実を内部者(政界人や企業の株主)以外にも明らかにさせるにはどうしたらよいだろうか? 詐欺対策や移民統制、国家の安全といったものよりも広い枠組みで、IDシステムを通じた市民権の管理が行われていることが、理解されるだろうか?　「整序システム」にならざるを得ない身元特定プロセスは、「国家の安全」だけでなく、よりグローバル化し、かつより個人化した「人間の安全」(後で定義する)を求める一般市民の欲求と、矛盾する可能性があるのではないか?

一つ顕著な例を取ろう。現在、英国の多目的国民IDシステムは、こうした点について大丈夫だという保証はない。このIDシステムで、国の安全が高まるかどうかさえ、不透明なのである。新たなIDシステムを入れなくても、国境での警備や、既存の諜報活動の質を上げることで、国家の安全性が向上するとの意見は多い。二〇〇六年八月に、ロンドンから北米へと大西洋を横断する複数の旅客機へのテロ未遂事件が起きた。二十人以上の英国籍の人間が関わっており、うち三人が(飛行機爆破容疑ではなく)殺人の疑いで逮捕された。(原注48)米国政府は、旅客データのさらなる収集が必要との見解を発表したが、(原注49)こうした策略を未然に防ぐためには、旅行者のデータを集めるよりも、内部の密通者などを使う方が有益であることは明らかだ。

新たなID計画への反応は多様だが、こうしたシステムの基本的な多義性を考えるとそれは当然であろう。政策決定者が国民の実利を重視するベルギーのような国では、早い段階で、国民の懸念の声もほとんど上がらずに、システムが作られている。だが、新たなIDをめぐって、人々の間から不安や疑いの声が上がる国も少なくない。例えば日本や米国では、個人データの新たな使用に対して拒否した地方自治体もあり、英国ではIDカード関連法案の議会通過に際して多数の抗議が寄せられた。

オーストラリアで提案された、多目的身元カードの「アクセスカード」に関しては、国民IDに道を開くものとして反対の声が上がり、ジョン・ハワード連立政権を敗北させ、二〇〇七年一一月にその後を襲ったケヴィン・ラッド労働党政権では断念に到った。[原注50] 予算のムダであり他の政策手段でも実現可能とするものから、技術自体の検証および改良をせよというものまで、IDシステムには様々な批判が寄せられているが、政策当局はこうした様々な種類の批判を、IDシステムを採用して少なくともEUのデータ保護指令に沿わせるといったことの前に、検討する必要がある。[原注51]

英国におけるIDシステムへの流れを止めるのにはもはや遅すぎるとする実利的な立場からしても、その使用に関して厳格なセーフガードや透明性を求めるなど、あらゆる機会を捉えて政府機関（情報委員会など）へ訴えて行くことはできる。専門家も、IDシステムの批判者が捉えるほどには、システムを否定的には考えていない。IDシステムをまだ導入していない国、議論をしている段階の国にとっては、英国で展開された議論が参考となるだろう。英国議会の内務委員会[原注52]でも、LSE（ロンドン・スクール・オブ・エコノミクス）が出した報告書（IDシステムは非効率的であり、市民の自由の侵害であるとする）に一部同意しているのだ。[原注53] 現在までのところ、この報告書は成功したと言える。

だがトニー・ブレア元首相は、こうした証拠に反し、市民が自由を求めて反対運動を行っても大して重大ではないとたかを括っていた。このことは、もはやカードが様々な目的に使われてしまっているのだから仕方がないという、よく聞かれる議論とも結びついている。IDが一つ増えたからといってどうなのか、と。これに対する市民活動家やプライバシー運動家の意見は以下のようになる。「運転免許証やクレジットカード、パスポートなどは、自発的に取得するものである。こうした、強制的でない形のIDシステムは、人を騙すようなものではない」。だが機能が徐々に拡大し、多数のサービスへのアクセスに特定のカードが必要となると、事実上の強制となる。さらに、運転免許証やクレジットカードやパスポートなどの、自発的に取得したカードは単一目的のものであるが、IDカードシステムは、上記三つの領域のみならず政府が関わるさらに広い範囲まで、人々の行動を政府がモニターする力を与えることになる。これは規制が変化したことを意味する。

IDシステムを制度化しようとする政府に対して、緊急に行動を起こさなくてはならないことは明白である。大変な苦労をして手に入れた人権が、「テロとの戦い」や「政府サービスの効率化」の名のもとに奪われないために、IDシステムを注意深く精査しなくてはならない。最良のIDシステムさえ、市民の自由を危険に晒す。批判者たちは、より透明かつ実務的な形で技術的および法的な見通しを監督し、人々の懸念についてもより真剣に検討すべきであると主張する。現在のところ、政治的な行動の必要性と、ハイテク企業からの圧力が強いという結論から、逃れることは難しい。

もし「国家の安全」がIDカードシステムを推進する鍵的要因であるとして、それをより広い文脈から見ることは重要である。大きな枠組みとして最良なのは、「人間の安全」という概念を考えることだ。これは「国家の安全」と対立するものでないが、地域の共同体や、個人および家族の日常から始める考え方である。恐怖や欠乏からの解放は優先順位が高いが、テロとの戦いは上位に置かれない。メアリー・カルドーによれば、「人間の安全」は地域に根を持つものであり、同時に権利、多文化主義、合法的な政府を基盤にし、地域に焦点を当てる。(原注54)

世界の主要都市で監視カメラ設置が急増していることと、IDシステムの実施との間には関連があるのだろうか? IDカードシステムと同様に、情報技術が可能にしたCCTV（閉域有線テレビ）

もまた、安全が失われたのではないかとの不安から、政府が資金面での後押しをする形で導入が続いており、テクノロジー企業が積極的にその市場を開拓している。ＣＣＴＶが犯罪抑止に役立つとの証拠がないにもかかわらず（英国のＣＣＴＶ設置数は世界一だが、二〇〇八年五月、英国警察の広報官は、ロンドンの街頭犯罪のうちでＣＣＴＶ画像を使って解決したものがわずか三％であることを嘆いた）、ＣＣＴＶがカバーするエリアの拡大が続いている。（原注55）その理由の一つは、皮肉なことだが、英国の公衆が、ＣＣＴＶがある方が安心を感じるためである。そして政府も警察も、人々がＣＣＴＶ設置を支持してくれることを知っている。

しかしながら、ＩＤシステムに使われている新テクノロジーは、それが本当に信頼の置けるものかどうか証明されていない。さらに重大なことに、大部分のシステムが、移民や難民、福祉受給者、テロ容疑者といった、周縁的な集団や弱い集団に、より注意を向けることは明白である。社会的整序の影響を最も強く受けるのも、こうした人々だ。電子的なＩＤシステムが登場する以前の歴史に目を向ければ、こうして累積した不具合が結局、ある集団の虐殺にまでいたった事実があるのである。

現代の監視社会の発展にとって、新たな国民ＩＤシステムは中心的な役割を果たしている。メディアが螺旋状に人々の不安を増幅する中で、高価であり目立つ「詐欺対策」「テロ対策」で政治が得点を稼ごうとし、ハイテク企業からの圧力もあり、市民の自由を脅かす危険があってもＩＤシステムで安全を目指そうという力が強く働いている。ここで挙げられた証拠や、現在の傾向からすると、この力には大いに注目をしておく必要がある。

今日の国民IDシステムは、集団間で扱いを変えるために、さまざまな基準で人々を上下に並べようとするものである。国民IDは常にこうした社会的整序に関わっているが、新たなテクノロジーによってこの次元は深化し、現在ではカード自体よりも、カードの使用を通じてアクセス可能となる個人情報データベースの方が重要となっている。非常に利に聡いテクノロジー企業の助言や煽動にしたがって（これは次章のテーマとなる）、世界各国が新たなIDシステムを構築しようとしていることを考えると、この事実はいっそう深刻である。IDシステムを採用する背後にある駆動力は、限定の強い「リスク」というよりも、「予防」である。「予防」は貪欲に、飽くことなく、より多くのデータへの欲望をそそる。

こうした政府や企業の勢いが（逆説的なことに、人々の欲望がそこに加わっていることもあるが）、新たなIDを推進している。人々がこの新たなIDに疑惑の目を向けている国では、多様な形態の抵抗運動が現れてきた。市民の自由を求める圧力団体や、プライバシー・データ保護運動集団が、ID制度への市民参加を拒否し、不要な侵害を行うように見える新たなID枠組みを作ろうとしている政府や地方自治体に対して「無用の長物」として抗議を行った。だが残念ながら、彼らの反対運動の中で、社会的整序を問題にしているものはほとんどなかった。問題とされていたのは、テクノロジーの信頼性やコストであり、あるいは、英国のLSEグループのように、テクノロジーの検証が難しいことを問題にするものもあった。未検討のシステム、信頼できないテクノロジー、空前の個人データ収集、さらに歴史上の不吉な先例は、新たなデータ・マイニング技術が、市民にとって本当に「心配することなど何もない」のか、問いを投げかける（推進する側は「隠すものなど何もないとして」、この言葉をよく使うが）。

しかしながら、IDカードシステムの現在の議論に加わろうとしている人にとっては、これは大問題である。「アイデンティティと身元特定」が新たな意味をまとい、「アイデンティティ・マネジメント」が重要度を増したように、議論で使われる用語が変わっただけではなく、IDカードに接続されるアイテム自体（国家と市民）が、微妙な、あるいは、さほど微妙ではない、変容を遂げている。かつては「国家」が主役であり、市民が「権利」や「義務」といった言葉を使って議論を行っていた。しかし、一方ではアウトソーシング、他方では消費主義の波にさらされ、こうした言葉遣いは浸食された。今日、テクノロジー企業は、ソフトウェア・プロトコルは言うに及ばず、IDカードのようなシステムの生産においても、以前より大きな役割を果たすこととなった。市場モードで作動する新たな「消費者‐市民」は、IDカードをまずは便利なものとみなす。こうした現状を意味づける「カード・カルテル」（私の造語）が、次章の焦点である。

第3章　カード・カルテル

マレーシアの国民IDカードプロジェクト「マイカド」は……スマートカード・テクノロジーにとって真のキラー・アプリケーションです
スマートカード・ソリューションズのサイト(原注1)

政府は情報収集に乗り出すことを「聖なる使命」と思っているし、IT産業は新たな市場を喉から手が出るほど欲しがっている
ピーター・スワイア(原注2)

二〇〇八年、少なくとも二つのアフリカの国家が、新たなIDカードシステムの構築を宣言した。ナイジェリアとアンゴラだ。貧しい国にとっては高価であるはずだが、両国では、病院や銀行や大使館での多重登録を避けたり(ナイジェリア)、「郷土の安全」のため(アンゴラ)、このシステムが必要と判断している。(原注3)システムを提供しているのは、国際的にも有名な企業群だ。ナイジェリアの国民IDマネジメント委員会は、コンサルタント二社の助言にしたがって旧来のSAGEM社(フランスに本拠を置くエレクトロニクス産業)と再び契約し、アンゴラでも同様の委員会が、アイデンティティ・マネジメントシステムの入札でレイザーカード社を勝者とした。

新たなIDカードシステムに関する議論では、政府や行政にとっての国民の身元特定という側面だけでなく、システムを推進する企業の政治経済的側面もまた、抜け落ちていることが多い。しかし、「大企業」と「大政府」とが結びついて、「安全産業」が開花していることは明らかな事実である。米

国においては、ビジネス雑誌『インテリジェント・エンタプライズ』誌の記事で産業専門家が、「郷土の安全という考え方がIT産業を復活させる。ITソリューションを提供する企業は、「テロとの戦い」を、混迷から抜け出すための優れた機会であったと後から振り返るだろう」と書いている。(原注4) 二〇〇一年九月、オラクル社のCEOであるラリー・エリソンは、グラウンド・ゼロの塵埃が片づく前に、これは国民IDへのチャンスだと見ていた。エリソンは米国政府に対して、国民IDシステムのための無料のソフトウェアを提案した。九・一一以降の身元特定その他のセキュリティ技術の主要な供給業者になろうとして、他の様々な企業も手を挙げた。セキュリティ市場は活性化し、(原注5) OECDがこの分野を「新たなセキュリティ経済」と名付けるほどだった。(原注6) 社会学的に言えば、IDカードシステムは、セキュリティの重大な政治経済および監視を抜きには語れないということを意味する。

各国政府もまた新たなIDカードシステムの導入に走ったが、テロ攻撃のような事件や、「なりすまし」への人々の関心は、物語のごく一部に過ぎない。政府部局は、外部業者の専門知識やアドバイスに依存しており、彼らが果たした役割と影響力が大きかったのである。IDカードの生産には多数の大企業が関わっている。この産業は政府調達に依存しており、有望な市場であるからだ。例えばIBM、SAGEM、オラクル、サン・マイクロシステムズ、ドレクスラー、マイクロソフトなど、聞き慣れた情報通信産業の企業が並ぶ。こうした企業の業務は、スマートカードのアプリケーションから、スキャナー、バイオメトリクスにまで及ぶ。(原注7)

本章では市民の身元特定について検討するが、国民国家によるものだけではなく、企業の利益や、ソフトウェア・プロトコルによる身元特定のコントロールについても追究する。生産手段の独占（資本主義）や、暴力の独占（国家）に関する古典的な社会学理論を越えて、「身元特定手段の寡占化」を論じてみたい。異なった状況における企業の契約やその結果（例えばイタリア、カナダ、アンゴラでのレイザーカード社）に、さらに、新たなＩＤの作動様式や範囲にも影響を及ぼす（例えばアイデンティティ・マネジメントについての）技術的プロトコルも、問題となる。市民権についての従来の理解が、挑戦を受けているのだ。

こうした現象を説明し、発生からの文脈の中に位置づけ、現状および将来を見通すことが、理論の要諦である。私はここから、国民ＩＤカードシステムを、現状の説明に役立つような形で文脈中に位置づけたいと考えている。ＩＤは極めてテクノロジーに依存したものであるので、テクノロジーの論理を深刻に受け止める必要がある。同時に、あらゆるテクノロジーが、権力の利益に沿って社会的に形成されることも示したい。テクノロジーと社会とは相互に影響を与え合うだけではなく、国民ＩＤシステムは既に「特定の世界観」（まさに世界内存在）を示しており、それが「適合」するような特定の状況を主張しているのである。（原注8）この二一世紀において、ＩＤカードが要求されるような形で、既に世界は形成されてしまった。多くの人にとって、ことは重大である。ＩＤカードの時代が来てしまったのだ。

カード・カルテルの理論化

「カード・カルテル」についての理論を述べる前に、二つのことを言っておきたい。一つは、国民

IDカードが、単に「市民」と「国家」との関係だけに関わっているという見方には、私は批判的であること。IDカードは、国家の産物であるだけでなく、企業やプロトコルの産物でもあり、それは身元特定手段が定義しようとする「市民」の意味もまた、変化していくことを意味する。ただここでは主として、国家による産物としてのIDに焦点を当てる。第二に、理論は状況の多様性に合わせて考えなくてはならないということである。私の理論が全ての事例に完全にあてはまるとは、私自身も考えておらず、むしろ一般論の枠内での多様性に焦点を当てることの手助けになればと考えているのだ。したがって、各国については、この議論がどの程度あてはまるのかというのが、問題となる。さらに、理論がもっともよくあてはまる国はどこなのか、そしてその理由は？

国民IDカードの採用を歓迎する人の中には、その社会的意義を軽視する人が多い。単にシステムを合理化し、福祉や市民権付与といったプロセスを効率化するだけのものと見ているのである。彼らはアイデンティティの問題を、個人の感覚の問題、身元の問題、他人が自分をどう見るかだけの問題と考えている。しかしデジタル時代においては、単なる身元の問題ではなく認証が、言い換えると、あなたの自称とあなたとが一致しているかどうかが、問題なのである。「身元特定」が、そうした問題に関わるのだ。IDカードを推進する側の人々は、単に技術の問題だと言いたがるが。

社会学的には、この主張は意味を持たない。アイデンティティと身元特定の問題は、それが依存するメディアがいかにテクノロジー的であろうとも、常に社会に関わり、この両者も相互作用している。この両者は、ある個人や集団を、他の個人や集団から区別するための手段なのである。アイデンティティと身元特定は、「類似性と差異」の関係を確立し、意味づける。(原注9) そこには常に「分類」や「愛着」のプロセスが関わっており、国民IDの場合にはとりわけ、それが国民国家との関係における「分類」や「愛着」なのである。国民国家だけのことではないが、最も顕著なのは国民国家である。私の個人的な実例が理解の手助けになるだろう。

一九七六年、私がカナディアン大学で最初に講義をした時、カナダの一時旅行者という扱いで、移民や難民とは区別されていた。一九九〇年代初頭には、今でいう「永住民」(原注10)ということになり、九〇年代半ばに、行政によるチェックを経て、私はカナダの市民権を獲得した。しかしながら、私のカナダへの個人的な愛着は、完全とは言えない。というのも私はスコットランド生まれであり、カナダだけでなく英国のパスポートも所持しており、家族や友人は英国にいて、ヨークシャーの石造のテラスハウスや、ごつごつしたスコットランドの高地を、好んでいるからである。私は「カナダ人」であるが、同時に、英国の場所や人々とも「同一化」(アイデンティファイ)している。私が白人男性であることも言わなくてはならない。白人男性であるということは、そうでない場合と比べて、身元の獲得や移動に有利であることも、私は意識している。私が比較的スムーズに動いて来れたということは、ある種の特権なのだ。

国民IDカードシステムは、「類似性と差異」に、そして、「分類と愛着」に、関わっている。売り込む側は便利な道具だと言うだろうが、効率性や利便性にだけ関わる技術ではない。近代において長い前史を有しており、その中で、政治共同体における特定の権利や特権、責任を有した市民が「再発明」され、それ以外は「非市民」として排除されたのだ。今日の世界はグローバル化し、多数の人々が国境を越え、その中にはよりよい生活を求める難民や移民も含まれている。IDカードシステムは、時として互いに相反するような、複数の意味を要求されている。こうした意味付けは、社会的整序やデジタル・コントロール（原注11）というより広い文脈を抜きにして考えることはできない。予防措置（原注12）のために正確なデータが必要なのだ。IDシステムには過去があり、現在があり、そして未来の方向性がある。

　IDカードの理論化に有効な研究を紹介し、さらにそれを超えるような道筋を示したいと思う。とりわけ二つの研究が役に立つ。一つは、ニコラス・ローズによる「アイデンティティの安全保障化」についての研究（原注13）であり、もう一つは、ジョン・トーピーによる「移動手段の独占」に関する研究（原注14）である。前者は、今日の世界では、自由を享受するために、いかに「正しい身元」の証明を要求されるようになったのかを示している。私たちはみな、銀行カードから免許証まで、何枚ものカードを持ち歩くことで、データベース上に現れる仮想のアイデンティティを表示させたり、各種の権利にアクセスしたりしている。「登録」が日常のひとこまとなった。個人識別可能なデータの処理によって、各種のテクノロジーを結びつけ、個人の様々な役割を管理することができる。国民IDカードは、まさにこの「自然な」延長線上にある。だから推進する側の人々は、これで多くのカードを持ち歩く必要はなくなると主張する。

　トーピーの研究は、パスポートにおいて、特殊な「安全保障化された」アイデンティティが見える、というものである。パスポートという事例から、国家が大きく迫って見える。国境を超える移動がさほど問題視されなかった近代以前の時代（第一に、そうした移動のできる人の数が少なかった）と比較することでトーピーは、パスポートは近代国家が「移動手段」を独占するための道具となったことを示すのである。現代人は、パスポートのような身分書類なしには、国境を超えて出入国、再出入国することはできない。通常使われるのはパスポートだが、ＥＵのようにブロックを形成している地域では、パスポートとは別にそれと同等の書類が使われている。

ローズは、「生活のあらゆる領域に国家が触角を伸ばしているのは、そのプロセスが実際には分散し、混乱しているため（原注15）」だとして、アイデンティティの安全保障化に警告を発しているが、それに対してトーピーは、パスポートの発明の中に、国家の持つ強い役割を見て取っている。「パスポートは、適切な国家機関によって、適切に発行されている」といった表面的な事実にとどまらない。結果的に、「人々から移動の自由を奪い、国家に依存させている」のである。「簡単に逃れることのできないアイデンティティを国家が押しつけ、それによって各所へのアクセスを国家が差配する」ために（原注16）。このトーピーの見方は、ローズのものよりも政治的に批判的と言える。私の研究もこちらの方向である。

但し、私のＩＤ論がトーピーによる「独占論」に近いとはいえ、ローズによる、政府が複数の力によって成り立っているという（フーコーにしたがった）見方も、確かに一理ある。今日の状況はある種の「カード・カルテル」、より詳しく説明すれば、「身元特定手段における寡占」と理解できるのではないか。国民ＩＤカードシステムの背後では、複数の企業が共謀して値段をつり上げ、価格競争を避けようとの動力が働いている。この力がどの程度の強さなのかは、状況に依るだろう。あるケースにおいては、寡占状態になったのは、政治経済におけるリストラクチャリング、アウトソーシング、テクノロジー依存の意図せざる結果であった。別のケースにおいては、慎重に寡占状態が作られたフシが伺えた（原注17）。

寡占状態においては、ごく少数の企業が市場を支配し、そこからしか商品を購入できない。IDシステムの場合、商品は「合法的身分」であり、企業は「国家」と「テクノロジー企業」である。全く同じ意味ではないが、身元特定プロトコルを支配しているソフトウェアもまた、企業と言える。それで、トーピーによる「国家独占論」を超えて、私は複数の力が働いていると考えるのである。ここで経済の比喩を使ったのは偶然ではない。そしてローズによる「分散化したアイデンティティ安全保障化の過程」を超えて、私はある主体が別の主体よりも重要であると示唆する。

身元特定手段のコントロール

トーピーによるパスポート論は、カール・マルクスとマックス・ウェーバーの仕事を土台にしている。マルクスは、資本家階級が生産手段を労働者から取り上げ、彼らを賃労働に追いやっている、と主張した。さらに、資本家たちは、利益の源泉たる生産手段の独占を維持しようとしているとも。他方ウェーバーは、マルクスの議論を受け流し、近代には国家というもう一つの独占があるとした。比較的小規模であった封建領主や貴族たちから武器および交戦権を取り上げ、国家のみが暴力手段をコントロールできるようになったことを指摘したのである。この二つ以外に、「行きたいところへ行く力」という領域があるというのが、トーピーの立論である。移動の手段であり、誰が国家に所属しているのかを決定するパスポートは、トーピーにとってもう一つの独占の象徴だ。（原注18）

トーピーは現下の国民IDカードを、国境超えに必要なパスポートと、国内の移動を規制する国内旅券との間の、グレーゾーンとして扱っている。つまり、国民の移動を（常に、ではなく、国内旅券と同様に）間欠的にチェックしながら、かつ同時に、民主的参加や公共サービス、社会福祉などの権利を提供するものと見ているのである。(原注19) 今挙げた三つの権利など、市民権のもたらす恩恵へのアクセスを提供するという点からして、IDカードはむしろ海外旅券との共通点を持っているようにも見える。

パスポート、国内旅券、IDカードという三つの書類は、「行政のためにアイデンティティを構築、維持し、そのことによって、国家が行政的、経済的、政治的目的のために個人の掌握を強める」とするトーピーの指摘は正しい。(原注20) 国民が必ずしも本当のことを言うわけではないというのがこうした制度の前提だと、トーピーは断ずる。自己申告を疑っているからこそ、こうした書類に立証責任を負わせている。かくしてIDカードは、いわゆる「疑いの文化」の一部をなす。少なくともIDシステムが、国家が「市民」と「非市民」との区別を見やすくする手段である、と言っても過言ではない。つまり人々をより「可読的」（ジェームズ・スコットの言葉）(原注21) にしたのだ。いずれにせよ、国家による身元特定が優先されやすい。

もしそうであるなら、そうした書類が共通に有しているもの、すわなち、正当な身元特定をする能力に焦点を当てるのがやはり妥当ではないだろうか? パスポートやビザといった身元特定は、「正当な手段としての身元特定」の一部を成し得るが、全体ではない。さらに、パスポートを有しているのは国民の一部だが、国民IDは全国民が強制的に持たされるものだ（たとえ導入の際には制度的に不統一で、国民以外の者もまた違った種類のカードを持たされたり、「自主性」に基づいてスタートする枠組みがあるとしても）。

トーピーの所論に基づき、私たちは、IDカードシステムが、移動を観察する役割と、市民としての権利へのアクセスを提供するという、二つの機能を持っていると言い得る。法律による保護、医療、失業手当などが好例である。多目的カードの中には、銀行口座の開設など、それ以外の機能を持つものもある。かくしてIDカードは、移動や金銭取引のための正当な身元確認手段となる。トーピーが言うように、こうした書類は、「国家による身元保証と一致しないアイデンティティを選ぼうとする気持ちをくじく」のである。(原注22)

しかし、国家だけだろうか? トーピーの考えでは、正統な「アイデンティティ」を作り出す機能は国家が独占している。私の立場はローズのものと完全に一致しているわけではないが、少なくとも現在のIDカードシステムの潮流を見る限り、確かに国家がアイデンティティを保証するとしても、企業やソフトウェア・プロトコルがアイデンティティを形成する側面もあると思う。国家、企業、ソフトウェア(より正確に言えば、アイデンティティ・マネジメント・プロトコルで、これについてはまた後で触れる)の三つが、IDカードシステム推進への圧力をかけているのである。例えばICAO(国際民間航空機関)は、新世代パスポートにバイオメトリクスの導入を要求するなど、プロトコルによる身元特定が各所に採用されつつある。もっとも、パスポートの標準での合意に見られるような単なる「規則」や「要求」だけではなく、プロジェクト改良のためのより一般的な指示やデジタルツールを含めて、私はプロトコルと呼んでいる。

政治、調達、プロトコル

世界の多くの国で、国民の身元を特定するための高度なＩＤカードシステムを開発、導入するための議論が行われている。完成した所はないが、ベルギー、イタリア、日本、マレーシア、スウェーデンといった諸国で、この方向へと踏み出している。九・一一以降の安全強化のため、電子政府を推進するため、各国政府はＩＤシステムの確立を選択したり、あるいはさまざまなルートでその方向へ進んでいる。なりすましや不法移民、福祉医療詐欺などを排除するといった理由も、こうした動きに拍車をかける一因となっている。

国民ＩＤシステムはその定義上明らかに国民国家に関わるものだが、例えば米国のリアルＩＤ法や、英国のＩＤカード法など、それを裏付ける立法も相次ぎ、（少なくともその費用の一部は各個人が負担するのだが）政府による予算措置も進んだ。例えば国外でもある範囲内で相互に運用するなど、ＩＤカードの使用に関する国際的な協定も、国内レベルで承認されている。これらは長期的には畢竟政府の問題なのだが、他の主体が権限を有する場合もある。

ニコラス・ローズによる分析はある意味違っている。ローズは、二〇世紀末の世界では、市民権は国家あるいは単一の公共領域との関係において実現するものではなく、むしろ仕事や買物といった多様な活動との関係において実現する、と主張している。（原注23）したがって、アイデンティティを保全するとは、「積極的な市民権のためのアクセスポイントを法的に保証することと考えられるのではないか」とローズは言う。（原注24）これは包摂的であり、同様に排他的な結果ももたらす。また、国ごとにも違ってくるだろう。このローズの指摘は確かに重要だが、国民国家という意味での政府が、影に隠れてしまうきらいがないでもない（誰が、いかに排除されるのかといった問題に対して、適切に分析できない）。国民IDカードシステムの場合、国家が徹底的に重要なのである。

その上でなお、この情報時代には、国家以外の主体もやはり役割を果している。政治と経済とが、再編成やアウトソーシングの点で相互に依存しており、また同時に、デジタルのインフラにも依存している。したがって、企業やテクノロジーも関わってくるのである。IDビジネスにグローバルな企業が関わっていることはもはや秘密でも何でもなく、その最も顕著な例が前述の、九・一一テロ直後の安全確保を名目とした、ラリー・エリソンによる政府へのIDシステム用フリーソフトを提供する提案である。「アイデンティティ・マネジメント」のためのプロトコルを支えるソフトウェアやコードは、表に出ることは少ないが、重要度では劣らない。「アイデンティティ・マネジメント」という概念がまれに、オンライン・アクセス・プロトコルに由来するものであり、それが「国境」での、オフラインのコントロールにも転用されているのである。物理的にも仮想的にも。

調達、企業、身元特定

二番手の「パートナー」を寡占の中へ取り込むのに、マーケティングやコンサルティングなど、多様な種類の企業群が重要である。IDカード事業を一山当てるチャンスと狙っている企業もあれば、恒常的な戦略に取り入れる企業もある。前者の例としてはスティーヴン・ブリルの作った会社がある。

ブリルは九・一一を取材していたジャーナリストだったが、二〇〇三年に新会社ヴェリファイド・アイデンティティ・カード社を立ち上げた。人々が空港で自発的に、テロリストや犯罪と無関係であることを証明する電子カードを売るための会社である。ブリルはキビタス・グループに投資家として加わり、クリントン大統領時代の国家公安アドバイザーだったサミュエル・R・バーガーや、レーガン及びブッシュ時代のシニア・アドバイザーだったチャールズ・ブラックなどと共に代表権を持った。他にも、E-Zパス通行課金システムを作ったトランスコア社や、ジョージア州に本拠を置く消費者データ会社のチョイスポイント社を、仲間に加えた。(原注25) ブリルは後に会社名をヴェリファイド・アイデンティティ・パスに変更し（略称がVIP＝重要人物となるのは偶然ではない）、空港やオフィスビル、スポーツセンターなどでのバイメトリクス入構装置を主力商品（多くの場合商品名は「クリア」）とした。

もちろん、ハイテクで既に成長を遂げた会社が（新会社を設立したり、スピンオフの場合もあるにせよ）主要な役割を果たすことも多い。過去においても、政府部局のために、特に市民権や国勢調査に関わって、民間会社がサービスを提供した例はある。例えばIBMはある意味で、一八八〇年国際調査の集計で様々な不調があった所から、国勢調査局の職員だったハーマン・ホレリスが、集計を改善しようとして生まれた会社である。ホレリスの作ったパンチカードシステムは、一八九〇年の国勢調査で採用され、彼はIBM社を設立した。それから一世紀以上経って、二〇〇七年のIBMは「安全なIDソリューション」を、とりわけ国民IDカードシステムを始めようとするヨーロッパ諸国に対して、熱心に販売しようとしていた。

こうしたつながりは偶然ではない。その一世紀以上の間に、さまざまなことがあったのだ。例えば英国の場合、戦時ＩＤカードの使用目的は、個人データの特定だけではなかった。ルイーズ・アムーレが示すように、一九四〇年代、英商務省は、「プライスウォーターハウス」社に、衣類の配給案を委託した。依頼を受けた計理士たちは、衣類の不足やインフレを防ぐために、国民の習慣や振る舞いが分かり、各人の要求を確証できるような番号制度を創設した。（原注26）アムーレによると、興味深いことに、二〇〇二年には、「プライスウォーターハウス・クーパーズ」となっていた同社のコンサルティング部門を、ＩＢＭが買収し、同社の有していたデータベースやソフトウェア・モデルが、ＩＢＭのリスク・マネジメントや「将来保証＝将来もシステムやプログラムが稼動することを保証すること」（future-proofing）と結合可能となったのだ。衣類の不足を防ぐために行われた戦時での身元特定が、「テロとの戦い」の特徴である先制的な身元特定へと、微妙に変化したことが分かる。

アムーレの話はまだ続く。ＩＢＭと、英国の小売商「マークス＆スペンサー」（Ｍ＆Ｓ）とが共同して、取引データや消費行動を基に、「見知らぬ人」のプロフィールを作り上げる計算技法を確立しようとしていたのだ。二〇〇四年、映画館のロビーのようなありふれた場所にいる、特に痕跡を残さない「見知らぬ人」を、同じＩＢＭの人間（有名なのはラケシュ・アグラワル）がセキュリティのターゲットにしていた。大陸の片側で起きたことは往々にして、対岸でも同じように展開する。同じころ、ＤＡＲＰＡ（防衛省高等研究局）は、現在まだ見つかっていない「潜在的な」テロリストを発見するために、消費者行動を分析するＣＲＭモデルに似た、全情報認知（ＴＩＡ＝Total Information Awareness）を構築していた。（原注27）

商業から公安まで幅広く扱う企業は、ＩＢＭ、プライスウォーターハウス・クーパーズ、Ｍ＆Ｓの三社にとどまらない。安全分野の大規模システムは利幅が大きく、かつ、政府の部局では到底対抗できないだけの専門知識を、企業側は有している。政府も企業も、両者が共に関与しなくてはならないと考えている。政府の担当部局は、どのようなシステムが必要であるのかを正確に決定し、調達の過程でどの企業が最もそのシステムに適合するかを見極めることができるだろう。しかし混乱するような事実もある。英国のＩＤカードシステムを例に取る。調達前の段階で、システム内で役割を果たせるのかどうか定かでない企業が契約の機会を伺い、専門知識がシステムに有用かどうかについては沈黙を保っていたのだ。英国のスキームのアドバイザーであったマイクロソフト社のジェリー・フィッシェンデンは、『スコッツマン』紙上でこの点について不平を漏らしている。(原注28)また彼は、失敗したＩＴプロジェクトに関わったという汚名はどの社も避けたい、企業の評判が賭けられている、とも指摘した。

同時に、どのような形のスキームが可能かということは、利用できるテクノロジーの水準や、機能させるインフラ、各国民と政府およびシステムを利用する他の機関とを結ぶプロトコルの種類にも、依存している。今日、国民ＩＤカードシステムという考え方は、いくつかの技術的な前提を置いている。それを支えるデジタルインフラがあること。接続したデータベースが個人データのトラフィックの量に耐えられること。データベースが検索可能であること。バイオメトリクス技術によって個人が適切に識別できること、などである。「国民ＩＤカード」は、こうした前提なしにはあり得ず、政府ができない部分は全てハイテク企業によって提供されるしかないのである。(原注29)

産業側の観点からすると、企業はハードウェアやソフトウェア、および専門知識のサプライヤーとしての位置を狙っている。IDシステムを可能にするだけではなく、当該国のデジタル・インフラの強化をも公約する。政府のためのIDシステムというだけではなく、商取引のためのプラットフォームの供給が、企業側の視野に入っている。例として、二〇〇六年一一月にジャカルタで行われた、インドネシア・インフラ会議および展示を取り上げよう。このイベントの主催者は、インドネシアのユドヨノ大統領であり、「当国のインフラ部門の発展に弾みをつける」試みであると評された。(原注30) ヒューレット・パッカード社の現地法人の社長は、「国民IDシステムのヒューレット・パーカッド社によるソリューションは、政府が情報通信インフラを発展・応用することを可能にします」と述べた。

九・一一以降の米国の安全政策と、ハイテク企業との関係を詳細に記述した著作の中で、ロバート・オハロウは「政府による監視への没頭は、ほとんど再帰的だ」としている。(原注31) さらに「法律や諜報を強化すれば、監視システムを一から作り上げる必要はない。既にわれわれの行動の痕跡を大量に収集している企業に手を伸ばせば済むのだ」と付け加える。(原注32)「九・一一委員会」の最終勧告でも、このつながりを強調している。「国境での安全確保」との見出しのもとで、「確かな身元特定の標準化」が、「B」という比較的高いランク付けをされているのだ。委員たちの判断は、リアルID法案が、「連邦の法令遵守については綿密に監視する必要があるとしても、州の発行したIDを連邦のために利用してよいという基準を法令で示した」ことに基づいている。(原注33)「出生証明の移動を伴わなければ、州の発行したIDは確実とは言えない」と警告もしており、これが州発行IDの確実さの等級がさほど高くない一因ともなっている。二〇〇五年以降、リアルID計画は進展していないが、(原注34) ITAA（米国情報技術協会）は議会や国土安全保障省、州政府などに対して、働きかけを行っている。ITAAの使命は、「IT産業の急成長を持続させること」だ。

オハロウが指摘するもう一つの重要な事実は、セイシント社のオーナーであるハンク・アッシャーが、二〇〇三年一月にホワイトハウスのルーズヴェルト・ルームで、身元特定用製品「マトリックス」のデモンストレーションを行ったことだ。フロリダ州の政府高官たちに、犯罪記録を検索する製品の有効性をその時までに既に確信させていたアッシャーは、フロリダ州知事ジェブ・ブッシュ（ジョージ・W・ブッシュ大統領の弟）の紹介で、ディック・チェイニー副大統領や、ロバート・ミュラーFBI長官、そして国土安全保障省次官に内定していたトム・リッジに引き合わされた。その結果アッシャーは、マトリックスをさらに発展させるために八〇〇万ドルもの支援を得た。(原注35) その後、セイシント社はマトリックスも含めてレクシス・ネクシス社に七億七五〇〇万ドルで売却されたが、国土安全保障省の航空情報選別プログラムであるCAPPSⅡなどのための、個人記録ビジネスは続いている。

こうした取材は体系的ではないが、IDカードシステムに対してハイテク企業が果たしている役割の重さは示されているのではなかろうか。システム自体がハイテク的であり、現在の政治経済状況から考えて、利益を追求する私企業以外がこうしたハードウェア、ソフトウェアを開発することは考えにくい。ハイテク企業はしばしば、国益に関心があり、安全のための「ソリューション」を見つける組織であると自己提示するが、実際に望んでいるのは、ICTインフラが拡大し、その中で自社製品が使用されることだ。さらにまた別の次元も存在する。

プロトコル、テクノロジー、身元特定

ＩＤカードシステムと、ハイテク産業をつなぐ「共通言語」として急浮上してきたのが「アイデンティティ・マネジメント」という言葉である。(原注36)これが、「アイデンティティにおける寡占状態」の「第三のパートナー」となっているのだ。この「パートナー」は、人でも会社でもなく、テクノロジー自体である。テクノロジーが社会を形作り、逆に、ある部分ではテクノロジーは文化によって形成もされるという観点からすると、テクノロジーそれ自体もまたパートナーとなり得るのだ。テクノロジーにもある意味で、政治的な偏向《バイアス》が埋め込まれている。(原注37)私が心に留めているのは、「アイデンティティ・マネジメント」へと向かう一般的な趨勢であり、それに付随する独特のプロトコルである。もしこの議論が正しいのであれば、それは旅行や商取引に関するＩＤシステムが提示するプロポーザルにも、同様にあてはまるはずである。アイデンティティ・マネジメントは、まずはオンライン・ビジネスに適用され、さらに国境管理という物理的世界にも移植された。「出入りを警備する」という点は、両者に共通している。

一般論として、身元特定に関わるテクノロジーは、その社会的文脈を抜きに考えることはできない。孤立して存在しているわけではないのだ。ブルーノ・ラトゥールが主張するように、そこには存在としての「アクター」と、人々や物事を結びつける「ネットワーク」とがある。(原注38)「アクター」と「ネットワーク」によってシステムは構成される。アイデンティティ・マネジメントに埋め込まれたプロトコルは、それ自体としてある意味で「アクター」であると、私は考えている。それ自体で何かをする

主体なのである。何をするのだろうか？　それらは「コード」を通じて作動する。ローレンス・レッシグが同名の著書『コード』の中で説明したように、ソフトウェアとハードウェアはサイバースペースを形成しているだけではなくて、サイバースペースを統御しているのである。コードは、サイバースペースにおける「法律」なのである。(原注39)

レッシグとラトゥールの議論は正確には同じではないが、彼らの研究は補完し合っている。(原注40)彼らの考えをさらに一歩進めたのが、アレクサンダー・ギャロウェイである。ギャロウェイは、哲学者ジル・ドゥルーズの「管理社会」概念をインターネットに応用し、「パノプティコンが規律社会で占めていた位置を、管理社会ではプロトコルが占めている」とする。(原注41)社会をこのように性格づけることがどの程度適切なのかという問題はさておき、(原注42)ギャロウェイはフーコーの「生権力」概念を、「プロトコル的」だと評する。「身体の管理や生活のマネジメント」に関わるものだからだ。最大の情報マネジメントシステムはインターネットだが、アイデンティティ・マネジメントもある程度はインターネットと共通する性質を持っている。

ある特定のテクノロジーがどのように利用されるのか、それを統御する基準がプロトコルである。プロトコルはコード化がなされる水準で作動するが、ギャロウェイは、権力が分散された後のコントロール手段がプロトコルなのだと言う。ＴＣＰ／ＩＰプロトコルによってコンピュータの普遍的な通信が可能になったが、これも一種の管理である。ネットワーク上に一意にアドレスを割り振るドメイン・ネーム・システム（ＤＮＳ）は非常にヒエラルキー的であり、この矛盾がギャロウェイのプロトコル論の核心にある。ギャロウェイによればプロトコルは、官僚制的ヒエラルキーや中央集権といった伝統的な管理システムが衰退した後にも、管理を可能にするような「マネジメント・スタイル」なのである[原注43]。どこへでも随意に流れて行くように見える電子情報の流れ（ギャロウェイは「遊牧民的《ノマド》」と呼んでいる）を制御するのは、ネットワークを先導するプロトコルなのである。「遊牧民的《ノマド》」という言葉を使ってはいるが、もちろんこれは人間によるシステムではない。しかしひとたび作動するや、特定のやり方で通信の流れを方向づけ、それが結果として人間世界に影響をもたらすのだ。

　アイデンティティ・マネジメントは、プロトコルを手段として作動し、ウェブを「図書館」から「市場」へと変えるのに重大な役割を果たすように見える。こうしたプロトコルは、取引の可能性を最大限に実現するために要請されているからだ。その好例がグーグルである。アイデンティティ・マネジメントは核心部分において、政府と商取引の両方に共通の身元確認ニーズを支援する[原注44]。公的圏域と私的圏域の両者での「単一のサイン・オン」を実現し、相互運用を最大化することが、アイデンティティ・マネジメントの目的である。政府でも民間でも、ＣＲＭ（顧客関係管理）システムの採用は拡がっているが、アイデンティティ・マネジメントはこれを強化するツールとなり得る[原注45]。電子政府の領域では、ユーザーＩＤが公共機関のウェブにアクセスする際に必要とされることが増えている。民間分野では、マイクロソフトの「ウィンドウズ・ライブＩＤ」が、ウィンドウズ製品やアプリケーション全体を単一の「サイン・オン」で管理する、アイデンティティ・マネジメント・プロトコルの代表例と言える。

　アイデンティティ・マネジメントの鍵となる手段が、急速に進展しつつあるバイオメトリクスである[原注46]が、これについては第5章で詳しく扱う。ここでは、バイオメトリクスは、アイデンティティや身元特定よりも、「認証」や「正統性」といった概念を強化する、と言えば十分だろう。資格に関わる問題であるからである。ある特定の資源や特権、空間へアクセスするのはどの身体なのか、という問題なのだ。(原注47) ディーン・ウィルソンが国境や容疑の問題に関して述べるように、バイオメトリクスは中立性を標榜していても、実際には「社会的な分類や差別といった、現在進行中のプロセスの中に埋め込まれている」(原注48) のである。

カード・カルテル論が言うこと、言わないこと

ＩＤカードシステムの生産は、三者からなる寡占メンバーによるプロセスの結果として理解することができよう。ＩＤシステムへのこのアプローチは、この寡占システムの由来、形式、性質を説明するのに役立つ。寡占（もしくはカード・カルテル）という考え方は、こうしたシステムの生成を統御する権力関係を指し示している。「身元特定」という用語は、ＩＤカードシステムが、身元特定の合法的な手段を統制するという目的で存在していることを思い起こさせる。

ここで理論的な資源は、「道具箱」のように使用されている。第一に、ＩＤカードシステムをアイデンティティ・マネジメント・プロトコルに位置づける試みは、「アクター・ネットワーク理論」（ＡＮＴ）および「テクノロジーの社会的構築論」（ＳＣＯＴ）自体ではないが、その両者の利点を引き継いでいる。しかしながら私は、あらゆるアクターが同等でないことを強調しておきたい。企業と政府とが重要な位置を占めている。第二に、企業の役割に焦点を当てることは、ある種神秘的な「資本主

義の衝動」へと問題を還元するのではなく、市民や消費者の身元特定を政府がするに当たって、企業が枢要な役割を果たしているとするだけである。政治家と企業との関係もまた重要である。企業が政治家に招待されてその製品をプレゼンし、あるいは、監視についてテクノロジーができることを専門家として説明する。プロトコルは統治の一環をなす。第三に、国家はここでは様々な形で、市民を包摂したり、市民をより可視的にするが、国家だけでそれができるわけではない。アイデンティティのマネジメントのためのノウハウやソフトウェアの点ではハイテク企業に依存し、相互運用性を達成するためにはICAOのような組織に依存している。

IDカードシステムが今の時代に適合しているという話は、私はこれまでもそれとなく示しておいた。まさにIDカードの時代が来たのである。こうした議論は、哲学者マルティン・ハイデガーのものと似ているが、(原注49) IDカードという川にはいくつもの支流が流れ込んでいる。旅行や取引のためのカードを提供するという論理（究極的にはそれら全てを含めることもできるし、いくつかを除外することもできる）は、産業およびテクノロジー由来のものである。国民IDカードシステムは、独立して存在するものではないし、九・一一以降の「テロとの戦い」だけに由来するものでもない。ビジネスやマネジメントにおいて既に存在していた、より広い枠組みに適合しているのであり、犯罪管理(原注50)などの他の分野にも共通項があるのだ。テクノロジーが手段として重要であり、ネットワーク化した情報通信、検索可能なデータベース、そしてIDカードの場合は特にバイオメトリクスなどを構成要素とするという前提を置いている。これらもまた、スキャナーや読取装置《リーダー》などに依存している。こうしたテクノロジーの選択は、時代の必要性を意味付ける最適の方法である「明瞭さの地平」を提供するのだ。(原注51) テクノロジーによる「ソリューション」が最もふさわしいと考えられ、これらは翻って、人間と世界との特定の関係を前提としている。

現在のIDカードが提案された起源を、政府によるイニシアチブに探るのは（とりわけ九・一一を契機とするのは）、全くの間違いである。犯罪管理、植民地主義、戦時統制などより深い起源を持つだけではなく、政府外の論理にもその起源があるのだ。政府が各種のサービスをアウトソーシングして外部に委ねているばかりか、企業やテクノロジーといった政府外の事柄が、システム自体の定義や構築に係わっているのである。その背後には、テクノロジーによるアプローチを第一に行うべきとの世界観があり、もはや偶像崇拝と踵を接している。九・一一テロ攻撃やその直後の悲観主義にもかかわらず、多くの人がインターネットについては楽観的に捉えており、「サイバースペース」に希望を見出す者も少なからずいた。(原注52)(原注53)

IDカードシステムが理に適っているのかどうかについて深い政治的な論争があるのに、なぜシステムが導入されようとしているのかについても、カード・カルテル論がその理由の一環を説明する。英国の場合、新たなIDカードを導入する理由として、電子商取引におけるなりすましへの対応や、公安におけるテロ対策、経済の安定化における不法移民や違法雇用の取締り、電子政府における政府サービスへのアクセスの容易さなどが挙げられ、スマートカード上にバイオメトリクスを備えた国民IDを搭載するという考えは、将来に向けた国民登録に基礎づけられる。二〇〇六年一一月に、当時の首相であったトニー・ブレアが、国民IDカードを導入する真の理由は「現代《モダニティ》」だ、と記者に語ったことがある（ブレアはモダニティという言葉を、流行に遅れないといった意味で使っているようである）。

この議論は、IDカードの正確な様式についての議論や、システムのための最適なハードウェア、ソフトウェアについての議論を、軽視するものではない。こうした事柄は、その国家の置かれた文脈によって当然違って来る。システムの技術的論理の決定は、必ずしもカードをまず導入する理由に依るものではない、ということが示されている。寡占の中の、異なった力の持つ権力作用の一例なのである。

しかしながら、寡占を議論するポイントは、それが規則のシステムだというところだ。「デジタル・ルール」がいかに重要になったのかを示している(原注54)。もしこの議論が正しいのであれば、アイデンティティ・マネジメントのプロトコルは、今日のIDカードシステムを支える三つの力の中で、枢要の地位に登ろうとしている。身元が保証され、消費や雇用といった手段を通じて市民権が実現される。しかし、計画の調整や実行には、依然として国家が関わっている。さらに、これまで見て来たように、IDシステムのためのモデルや手段の提供にあたっては、競争を行う企業群の役割が大きい。全体を説明するには、やはり政治経済を考慮することは不可欠なのである。

しかしながら、もしも規則のシステムが存在するのであればそこには主体があるのだが、身元特定における寡占状態の中で主体は変容する。新たなIDスキームは、それを生み出した社会の先導するモチーフのイメージの中で、市民を形成する傾向がある。例えば消費が支配的な社会では、市民権が消費という点から改変されることは驚くに当たらない。国民が、公共サービスにアクセスしそこから利益を得る人々と規定されているなら、電子政府において、消費者的意識、顧客的意識が蔓延することは明らかだろう。同様に、市民権を形成する主たる動機が、ある特定の人々を排除し非合法化するところにあったなら、身元特定プロセスもまたそれを反映したものとなるだろう。言うまでもないことだが、こうした消費者意識や排除意識は同時に作動し得るものであり、両者が相互補完することも可能である。これについては第6章で触れよう。

人々を包摂し、権利と義務とを拡張する基礎としての市民権への影響も甚大である。IDカードシステムに書き込まれた各種のプロファイルに基づいて、社会的な分類ごとに異なった扱いがなされるのが普通になってしまう。IDカードシステムについて分析するのであれば、少なくとも、国民IDによって最も悪影響を受ける可能性の高い（外見で分かる）マイノリティの人々（アラブやムスリムなど）や、福祉受給者、難民などに、それがどのような結果をもたらすのか、そして政治的なオルタナティブがあるのか、追究する必要がある。[原注55] 彼らにとっては「堆積する不利益[原注56]」が現実であり、容易には（差別の対象であると）外見からは分からなかった人々（例えば貧困者）も、IDシステムによって国家からの可視性を増している。

今日のカード・カルテルは、それまでは身元を確認されなかった人々、「読まれなかった」人々を新たな方法で可視化したいとの動機を背後に持っている。これまで論じてきたように、「異なった扱いをするための分類」は、少なくとも国家の安全目的では、既に知られた容疑者よりも、むしろ容疑者である可能性のあるプロファイルに基づいている。知識の重心が、過去の事実から現在の活動や振る舞いへ、そして将来の予測や予見へと移っているのだ。こうした「先制の論理」は、商業分野で成果を挙げるかどうかは疑わしいが、国家公安の分野において正しい身元を特定することは重大な結果をもたらす。間違って「容疑者」にされた人は、経済的に不利益になるばかりか、拘禁・収監されたり、ひどい場合には攻撃を受ける可能性さえあるのだ。

結論

世界の各国で同時に、国民ＩＤカードシステムへの動きが出現したのは、九・一一事件以後のパニックという点からだけでは説明できない（もちろん、九・一一後の「恐怖の文化」が引き金を引いたという側面はあるが）。いずれにせよ、「九・一一以降」という議論があてはまるのは一部の国家に過ぎず、それ以外の国では、まさに勘違いなのである。ＩＤカードシステムはむしろ、「身元特定の寡占」あるいは「カード・カルテル」と見る方が適切である。政府、企業、テクノロジーの三者からの圧力が収斂し、複数の問題を一度に解決する「ソリューション」としてＩＤカードシステムの発展を後押ししている。一つが機能しなくても、他が機能する。国家の安全に対する恐れも、ある国では影響を及ぼし、他の国では影響がないかもしれない。同時に、「相互運用性」という考え方（次章で検討する）によって、複数の国で互換性のあるカードシステムを構築しようとの試みが拡がっている。

このことは、身元確認についてのローズの研究（現代では市民権は、国家の関係と同じくらい消費や労働の側面でも機能しており、自由を行使するために正統な身元を顕示することの重要性を説く）を超えている。さらに、国家による力と「掌握」とを認めるトーピーの研究をも超えている。但し、単に「国家管理」に着目するだけではなく、この話題に関して企業やソフトウェアが果たす役割についても私は考えたい。また、パスポートが統制する「移動の手段」に着目するだけではなく、（旅行や取引に使われる）ＩＤカードが統制するアイデンティティ自体にも注目したいのだ。こうした出来事は、あらゆる身元管理にとって枢要な位置を占める、「アイデンティティ・マネジメント」のプロトコルを通じて機能すると、私は考える。但しこのことは、各国の有する文化的な文脈に依存して大いに違いはある。

本章で何度も述べた通り、世界の多数の国でＩＤカードが構築され始めている。ＩＤカードの政治経済によって、いかにカード・カルテルが国際的な事象であるのかを示すことができる。しかし話は、世界の各国で同時にＩＤカードが発展しつつあること、様々な社会に多国籍企業がハードやソフトを供給しているという点では終わらない。「国内」の安全を求めることは同時に、国境や地域を超えて受け入れ可能な、安全確保手段の標準を見つけようという「国際的な」安全を求める動きと並行している。かくして、新たなＩＤによって可能となる身元確認、プロファイリング、モニタリング、追跡は、移動者の選別がどこででも起こり得ることを意味する。このテクノロジーは拡張可能であるのだ。次章のタイトルを使ってより詳しく言うと、「拡大したスクリーン」である。

第4章　拡大したスクリーン

誰が潜在的テロリストなのか、誰が潜在的容疑者なのかについて、国際的に流れている情報が、是非ともももっと必要である

ゴードン・ブラウン(原注1)

相互運用性という言葉を意識するようになったのは最近だ

ジェームズ・バックハウス(原注2)

インターポール(国際刑事警察機構)のロナルド・ノーブル長官は、移民志願者をデータベースでチェックすることを怠っているとして、英国政府を非難した。ノーブルによれば、インターポールは、データベース内に一万一〇〇〇人の潜在的テロリストの旅券番号、指紋、写真を有しているが、フランスが月七〇万件、スイスが月三〇万件の照会を行うのに対して、英国は月にわずか五〇件の照会しかしていないと言う。これは英国民を危機に陥れているというのが、ノーブルの意見である。(原注3)この話から様々な疑問を追究することができる。例えば、各国における移民の扱いの違いから何が学べるか、移民がテロリズムと結びつけられることでどんな影響を受けるのか、さらには、各国の「照会」が同等のものとして比較可能なのか、など。しかしながら身元特定におけるグローバル化を扱う本章では、名前や数字、映像によって身元特定データが、国内的・国際的にいかに流通しているかに焦点を合わせる。

第1章で取り上げた事例の時代や、かつてのソ連邦のような「警察国家」においては、公的な身元

特定や監視は基本的には国内での事柄であった。もちろん、国際スパイも古くから存在はしたが、日常的な身元特定はほぼ地域内に限られていた。旧東ドイツにおいて迷宮のような官僚組織内に蓄えられていた個人データについて考えよう。最近では有名な、もしくは悪名高い映画『他人の生』(邦題は『善き人のためのソナタ』)で活写されている。そこで問われている「生」は、国家の枠内での、地域的なものだ。この映画の舞台は狭い。主人公のゲルト・ヴィースラー大尉(東独国家保安省シュタージの監視官)が監視対象者の生活に密着し、その個人データを取得するありさまが、映画の主軸である。

この映画と、現在のグローバル化しつつある身元特定とを比較してみよう。かつて監視データを押し止めていた国境線に、次第に穴が開き、乗客名簿が要求される航空会社から、国際的な商取引を行うクレジットカード会社から、協力してチェックを行う警察から、ある国から他国へと移動する移民から、デジタル化された情報が漏れる。こうしたどのプロセスにおいても、自動化・遠隔管理化が進んでいる。ヴィースラー大尉のように、監視対象に次第に共感するような人間が存在する可能性は、どんどん小さくなり、消えつつある。検索エンジンや、時にはデータ・マイニング技術を使ってデータベースを探り、官吏のコンピュータ・スクリーンに表示する場合が大半となってしまったから。

スクリーンは今日、身元特定プロセスと興味深い関係を有している。かつては単なる警官の溜まり場と考えられていた移動交番で、計器のついたスクリーンを通じて警官たちがIDチェックを行っている。スクリーンの輝く表面の背後には、「深さ」が隠れている。最初は基本的なチェックだが、もし必要であれば、データ・マイニングのソフトを動かして、当該個人の驚くほど高質な詳細データを露わにすることができるのだ。スクリーンが隠しているのは「深さ」だけではない。状況によっては、範囲や幅における「広さ」も隠している。カナダの警官が引き出すデータは、大陸の反対側からのものかもしれないし、あるいは海を渡って別の国から（インターポールのおかげで）渡ってきたものかもしれないのだ。

スクリーンという「仮想窓」[原注4]（ヴァーチャル・ウィンドウ）によって、きわめて広い範囲の事柄が可視的となる。遠隔地からの映像やデータが映し出される。だが名詞としてのスクリーンには、皮肉なことに、「見せること」と「見られること」の二つの意味がある。動詞としての「スクリーン」もこの両方の意味で使われる。顔などの視覚映像が、現在ではテレビのスクリーンなどに映し出される（インターネットも同様に使われることが増えたが、スクリーンという言葉ではあまり呼ばれない）が、コンピュータを使えば、人々はより容易にスクリーンに映し出される、言い換えると、データ映像を通じてスクリーンに映るのである。こうした「スクリーニング《ふるい分け》」はかなり、身元特定、少なくとも身元確認手続に依存している。本章の課題は、こうしたスクリーンが「拡大」することによって、これまでに知られていなかった結果をもたらすありさまを明らかにすることである。

この二一世紀、先進国の国民は、身元特定によって統治されている。ここで「二一世紀」という言葉を使ったのは、冗語としてではない。かつてないほどに身元特定が増え、その速度も高速化しているのである。九・一一テロ以降、特に国境や空港などで身元の確認に神経質になったのは周知の通りだが、それだけではなく、ケータイの位置計測機能や、あるいは職員採用時やインターネット取引の際などにも、私たちひとりひとりの身元が特定される。eサービスや、eガバメント（電子政府）が進展しつつある。

こうした変化は、飛躍的進歩だとして称賛すべきなのだろうか、それとも不吉な陰謀があるとして警戒すべきなのだろうか？　私の意見はどちらでもない。こうした発展は、組織の効率上昇を目指した情報通信技術の導入や、多様な文脈の中で進展してきた顧客中心のパーソナル化など、複雑な社会変容の結果と見るべきなのだ。あらゆる種類のアクターが作り出した歴史的状況なのであり、同時に、誰か個人が選択したものではない。「身元特定による統治」という言葉は、こうした現在の発展を表す言葉であり、私の立場は（時にはかなり厳しく）批判的なものだけれど、問題群としてのグローバル化を考える際に、単にそれを嘆くのではなくそれを評価・測定しようという場合に、極めて重要なのである。

身元特定を要求される機会は拡大し、多次元の無形的なシステムにまで変容を遂げた。資格を有するのは誰か、アクセス権限を有するのは誰か、誰がクレイマーで誰が容疑者なのかといったことが、データベースやバイオメトリクス、プロファイリング・ソフトなどを使って（しばしばその複数を組み合わせて）、探り出される。あらゆる人があらゆる方法で選別される可能性があるが、中心にあるのは常にアイデンティティの問題である。「この記録は彼（女）のものなのか？」「この表面上は類似した二つの事例は識別可能なのか？」。既に触れたことだが、身元が確認される状況は大きく異なっており、したがってその結果もまた多様である。そしてこの後で論じることだが、特定の社会集団にとっては、身元特定によって作り出された「差異」が、「大文字の他者性」（Otherness）として解釈・経験されることが増えている。(原注5)

しかしそこまで話を進める前に、相互運用という目標が、単なる目標に過ぎないことも強調しておこう。「技術的な可能性」を、「社会的・政治的な運命」だと想像してしまうという思考の罠に、われわれは陥りやすいからだ。南アフリカで最近起こった事例は、警告として他の人々にも教訓となる。同国で国民身元特定システム（HANIS）が正式に導入されたのは、九〇年代半ばのことだった（もちろんそれ以前にも、いくつか前身は存在したが）。このシステムでは、指紋が国民全体のバイオメトリクス・データベースと照合され、全国民がIDカードを支給される予定であった。だが実際には、現在に至るまでうまく機能していない。キース・ブレッケンリッジの分析によると、保健システムや移民システム、あるいは単一の企業が全体を管理するようなシステムは稼働しているのだが、システム間の相互運用がうまくいかず、目標が達成できないとのことである。「国家の安全のために設計されたシステムと、銀行取引のためのシステム、社会福祉のためのシステムなどの間の葛藤は、現在にいたるまで解決されていない」と彼は記している。(原注6)

さてここからは、「拡大したスクリーン」という考え方を、いくつかの関係した概念を通じて探究して行きたい。まず第一に、「液状性」である。この言葉は、グローバル化が進展する世界の中で、関係の流動化が進み、それが身元特定というプロセスにどのような影響を与えるのか、われわれに思い起こさせる。第二には「身元特定による統治」であり、身元特定がいかに、人々のチャンスや機会を決定する中心的な役割を担うようになったことを論ずる。第三に「身元特定のプロトコル」の重要性を考え、第四の「相互運用」へと繋ぐ。ここではグローバル化したIDプロトコルの鍵となる事例として、国際民間航空機関（ICAO）における、ID記録の国際的な相互運用を取り上げる。(原注7) ICAOのID問題への取り組みに弾みをつけたのは、一つには九・一一テロ以降の安全対策であり、もうひとつは「なりすまし」への恐れである。相互運用の置かれた文脈や、実際の事例について考察しよう。第五には「ユビキタス・コンピューティング」である。これもまた身元特定プロトコルを必要としている。そして最後に、現代社会における移動や社会的参加（もしくはその欠如）のための身元特定の中心性にたち返る。「スクリーン」が「拡大」し、より大きな移動や、身元特定に関わるより多くのプロセスを包み込むようになったからといって、それは社会的な包摂が進んだことを意味しないのだ。

液状性と身元特定

今日の「拡大したスクリーン」は、固定的・領土的な近代が支配し、身元を確かめられることが比較的少なかった時代からの、大きな変化を象徴している。以前でも銀行や工場、警察や病院などでチェックは行われていたが、人口の流動が少なかった時代には、こうした選別《スクリーニング》は比較的穏当なものだった。人間の移動を特徴とするような、ジグムント・バウマンが「リキッド・モダニティ」（原注8）と呼ぶ現代においては、こうした選別《スクリーニング》は時間的にも空間的にも想像できなかったくらいに拡大した。国民IDのような正式な大規模システムがあるだけではなく、様々な形式の身元特定システムが各所で機能し、それらが集合して、「拡大したスクリーン」の世界を形成している。

バウマンによる、現代の状況を「液状性」と捉える議論の仕方は、一つではない。発表した複数の論文においてバウマンは、国民国家のような権力の「重い」中心があった初期近代と、グローバル市場を資本とテクノロジーとが自由に流通し、ソフトウェアに象徴される「移動」と「軽さ」が特徴の現代とを、対比させている。もう一つ、より控え目にだが、バウマンは液状性という言葉で、不確実性や不安、リスクに満ちた世界を表している。そして、グローバル時代の様々な移動性や、不安感および不確実感が、新たなID書類および確認プロトコルへの欲望を生み出している。

「液状性」は複数の性質を持っている。第一には、世界がグローバル化し、国境が溶解している、ということがある。明確な境界と範囲を有した「領土」という考え方が、液状化しているのである。例えば空港には、国境としての「装置」が広く備わっているが、地理的には国と国（もしくは国と海）とを隔てる国境線上には通常位置していない。(原注9) 新たなID書類は、国の内部の国境線を移動させる。例えばヨーロッパの場合、「外国の」IDカードが、国境から離れた場所で審査されることがある。選別《スクリーニング》のプロセスが、遠い国における市民にまで、拡大するのである。

ID書類や、他の身元特定手続きによって個人に課される制約もまた、「液状化」（もしくは柔軟化）を始めている。例えば、どのような種類のカードを有しているかによって、その個人の「移動の機会」が違ってくるのである。もし中国人がカナダへやってきたとしたら、ビザによって学習、労働、もしくは観光することが可能であろう。しかしまず第一に、出国できる中国人は限られている。その基準を満たしていなければ、中国から国外へ出ようとすること自体が意味をなさない。自国を出る時にも、外国に入る時にも、彼もしくは彼女は選別《スクリーニング》を受けるのである。選別《スクリーニング》の柔軟性が明らかに見られる。

現在出現しつつある状況は、固定／液状、あるいは規律／管理といった二分法によって、単純に捉えられるものではない。旧来は固定的であったところに新たな社会的秩序付けが加わったことを指し示すのに、「軽さ」や「液状化」といったメタファーはある程度は有益ではあるが、(原注10)特定の「ユージュアル・サスペクツ」(常連の容疑者)への対応については、かつては包摂し今では排除しているなどと言っても、むしろ強い連続性があるのである。同様に、現在の身元特定がネットワーク化し脱中心化していると言っても、そのことは、特定の「望ましからざるアイデンティティ」というカテゴリー分けが、ゆるまったとか、自由化した、ということを意味しない。話はもっと複雑なのであり、アイデンティティが統治の手段として重きを置かれるようになった(とりわけ九・一一以降の「例外状態」において)現在でも、脱中心化し「軽量化」したシステムの中で、規律と管理とが執拗に生き残っている。

新たな監視と身元特定による統治が、今日の世界の様々な次元にまで及び、グローバルにも局所的にも、変容をもたらしている。グローバルな次元での顕著な例が、相互運用性を確保するための技術標準の追求である。ＩＣＡＯが先導役となって、パスポートなどの書類を、「ボーダーレス化した」世界においてスキャンし読み取ることができるようにしている。同時に、局所的には、新たな監視や身元特定によって、普通の人々が影響を受けている。国境の液状化の結果として、新たな統制が始まっている。むしろこう言った方がいいかもしれない。新たな国境は、ポータブルなＩＤ書類と共に旅行者と移動し、どこにでも現れる、(原注11)と。

身元特定による統治

私たちがますます「身元特定によって統治されている」という考え方は、もはやただの手軽なフレーズに止まらなくなっている。二一世紀に入ってより可視的となった（もっともその根源は深く二〇世紀に根を下ろしているが）統治様式の重大な変化を、このフレーズは示しているのだ。これは「アイデンティティ・マネジメント」という、一見無害そうな抽象的な概念に、さかのぼることができる。例えばドライブ中に給油して、クレジットカードで支払いをする時に、「認証しています……お待ちください」と液晶画面に出るが、こうした組織化された行為の技術にも、アイデンティティ・マネジメントが関与しているのである。「アイデンティティによる統治」という言葉を最初に使ったルイーズ・アムーレは（私は「身元特定による統治」と書き換えているが）、チケット売りからバイオメトリクス・ソフトウェアの技術者まで、警備員から警官まで、あらゆる所で身元特定への欲求が際限なく高まっていることを見て取っている。(原注12)

新しいのは、ＩＤを要求する機関が増えたことだけではない。ＩＤを要求する際の「正統性」もまた問題である。チェックイン・カウンターの職員は、単なる航空会社の社員だが、身元に怪しいところがあれば職員は旅客の搭乗を拒否することができる。もはや警備プロセスの一環をなしているのである。リスクのある乗客を先制予防することが、身元特定プロセス自体の一つの局面を成している。誰を受け入れるべきか（アムーレは、二〇世紀半ばにおける戦時システムを例に挙げている）だけでなく、誰を排除すべきかというリスク計算のために、個人記録がチェックされるのだ。

可動性《モビリティ》と安全性とを両立させるための主要な手段として、身元特定システムが使われていると、アムーレは指摘する。グローバル資本主義の回路の中で、ヒトやモノや情報が自由に流通すると想定されているが、その中で安全への欲求も高まっている。ここでいう安全とは、「国家の安全」という意味である。二〇〇五年に、米国、カナダ、メキシコの三国の間で、二〇〇五年に調印されたいわゆる「安全と繁栄のパートナーシップ」は、安全と経済の問題に関して協力を推進することを目的としている。しかしながらこのパートナーシップには、米国の持つ「飛行機に載せない人のリスト」を、カナダやメキシコでも共有する条項が含まれており、それを問題にする人々もいる。(原注13) 可動性《モビリティ》と安全性とを両立させる実例としてアムーレ自身が挙げているのは、新しい方法で「差異を他者性へと転換する」移民書類における、ＲＦＩＤ（Radio Frequency Identification ＝無線電波による個体識別）の使用である。今では、移動中の人々も、固定した住所を持った人々と同じように、位置づけられるのだ。繰り返すがこのことは、固定／液状、あるいは規律／管理といった単純な二分法を超えた分析を必要としている。

アムーレは最後に、既存のプライバシー論議の中で、新たなアイデンティティ統制を位置づける難しさを語っている。写真を貼ったＩＤカードは、個人とシステムとの間の一つのインターフェイスだが、今日の身元特定様式は、「通常カードではなくスクリーンを通じて作動する」。スクリーンやデータベースに映し出されたものは、その個人に関するデータの断片、それも、先入見や疑いをも含んだ断片から成り立っている。(原注14)「拡大したスクリーン」に個人の情報が映し出されることで、それまでのプライバシー論で問題で扱っていなかった新たな問題が提起されるのである。間違った身元特定が行われても、このシステムでは反論するのが難しい。これを「プライバシー問題」として扱うのは、的を外している。

アムーレによる「アイデンティティによる統治」論はもちろん、「テロとの戦い」を文脈としており、このことはアムーレの分析に痛ましい縁取りを加えている。というのも、身元を間違われた個人が悲惨な目に遭う可能性があるのがまさにこの「テロとの戦い」という状況だからだ。とりわけ、「テロリスト」と共通点のある属性を持った移民集団にとっては。新たなＩＤシステムが確立しつつあるのは、現代において最も脆弱で、最も標的にされやすい集団のいくつかに対する恐怖のためである。そして「テロとの戦い」においては、かつてジョルジョ・アガンベンが言ったような、「法律上の価値は持たないが、権力を持っている」行為が増殖する。(原注15) いかなるＩＤシステムも、目的外で利用される側面を持つことは、指摘しておかねばならない。ケータイや、電子政府の書類や、インターネットの通信ログも、日常的な統治ばかりでなく、公安のために利用されるかもしれないのだ。そして、ネットワーク化したデータベースと結びつくもう一つの手段は、プロトコルである。

身許特定プロトコル

「拡大したスクリーン」と、「普通の人の日常」との関係を明確化するためには、新たな監視および身元特定統治をもう少し詳しく探る必要がある。現代の組織が依存している分散型ネットワークは、「プロトコル」や「標準」が支えている。前章でも論じたが、プロトコルとは、二つの機器の間でデータを送受信する場合の、定められたフォーマットであり、これのおかげでコンピュータはお互いに「会話」することができる。そして「標準」とは、公的な組織や、ある産業内で共有されたフォーマットである。当面の議論に関わっているものとして例えばICAOの「標準」があるが、「プロトコル」も「標準」も、国際的な移動に関係するものだけでなく、あらゆる分散型ネットワークにとって本質をなす。

例えば、コンピュータ産業を中心に、「ユビキタス・コンピューティング」（アンビエント・インテリジェンス＝AmIという表現を使うこともある）の可能性について真剣な議論がなされているが、これは、あらゆる種類の機器があらゆる場所で情報を収集し、さらに機器同士でデータをやりとりする、というものだ。これによって、「継ぎ目のない《シームレス》」デジタル環境が実現し、それが「いつの日か」われわれの社会生活の日常になるというのが、彼らの意見である。既に私たちは、文章、映像、音声、データをある程度操作し交換できるブラックベリーのような機器に、ユビキタス・コンピューティングの可能性を見ている。同様に、スカイプや他の「VoIP」（インターネット電話）システムは、新たなやり方でコンピュータ、音声、映像、文書の交換などを結合させている。こうした機器が「継ぎ目なく」結びつくには、「プロトコル」が必要なのだ。ユビキタス・コンピューティングという考え方については、後でまた触れよう。

なぜこれが、身元特定を考える上で重要なのだろうか？　データベースやバイオメトリクスなどの「自動化された身元特定」が、プロトコルや標準に依存しているからである。前章でも触れたギャロウェイは、「分散化以降の時代の」(原注16)コントロール手段がプロトコルである、としている。巨大な分散型ネットワークであるインターネット上において、データ・パケットの機器間での交換を可能にしているのはTCP／IPプロトコルである。このプロトコルのおかげで、あらゆる機器が結びつくことができる。それだけではなく、ネットワーク上のアドレスの管理ではDNS（ドメイン・ネーム・システム）にも依存している。[原注17]これは逆向きの樹木のような形をしており、各枝が、その配下にある小枝を管理する。WWWを考案したティム・バーナーズ・リーは、ネットに一か所の中心があるとそこが「アキレス腱」となって、全体を破壊されたり支配されたりする可能性がある、としている。[原注18]二〇〇七年に起きたミャンマー（旧ビルマ）の弾圧では、同国のインターネットのほとんどが封鎖され、他国から国内状況を知られるのを効果的に防いだ。[原注19]

つまり実際にはプロトコルは、排除の手段になり得るのである。排除は、例えばある人を交流の輪や、ショッピングモールから締め出すなど、様々な形を取ることができる。ギャロウェイのやや大仰な表現を借りれば、「規律社会でのパノプティコンの役割を果たすのは、管理社会ではプロトコルだ」ということになる。[原注20]規律社会でパノプティコンが本当に中心的な役割を果しているのかどうか、いくつもの疑問があるけれども、現代的な管理の主軸として、プロトコルが果している役割については注意深く分析し、批判しなくてはならない。もし私たちが現在の、テクノロジーを媒介とした監視の様式を理解しようとするなら、ギャロウェイの提案に従って真剣かつ体系的な研究が必須である。とりわけ、「排除の可能性」については注意深く綿密に批判しなくてはならない。「排除型の国家」や、新たな刑罰学、現代の管理の文化が推進しているのがまさにこれだからである。[原注21]

国民IDカードシステムにつきまとう困難の一つは、その相互運用を行う組織が多数にのぼることである（場合によっては複数の国家が関わる）。一つの企業内のIDシステムであれば、集中的なシステムによってこの問題は容易に克服できる。しかし国民IDの場合には、その関係する多様な組織の間で標準化や合意がなされなくてはならない。なおかつ、身元特定を行う水準は一つではない。だからこそ、PIN（社会保障番号）やバイオメトリクス・データが、カード保持者を確認するのに必要であり、発行組織を確認するのに、デジタル認証や暗号データ（公開鍵インフラ＝PKIなど）が要る（第1章で述べたイタリアのIDはこのケースである）。政府や、政府から任命を受けた技術機関が用意しなくてはならない情報伝達やルート選定のためのプロトコルは、乗っ取りや介入を防ぐために極めて複雑なものとならざるを得ない。このことは、カード保持者が、情報アクセスの方法や経路について、全く知らされないということを意味する。

コードの役割に焦点を当てたのはローレンス・レッシグ[原注23]だが、ギャロウェイはレッシグより前から、基本的なプロトコルがいかにネットワークを差配するかに注目していた。ギャロウェイはプロトコルについて、単なる「ルール」ではなく、むしろ「長期に渡って人や獣が通ることでのみ定着する山道」に似ていると言う[原注24]。その道に従うことが賢い方法ではあるのだが、反面、道が利用者を特定の方向に誘導しているとも言える。プロトコルおよび、そこから派生したサブルールが、グローバル化した現代の消費資本主義の強力な構成要素となっている。だが同時に、支配者が別の方向を示せば、プロトコルはそれに対して抗うほどの力はないと、ギャロウェイは論ずる。自ら駆動するところは市場経済と表面上は似ている。また、倫理的に批判されるところ、政治の影響を受けるところも、市場経済と共通している。

現在の「監視の世界」の中で、とりわけ重要なプロトコルがいくつかあり、それが標準として制度化された場合にはその力はさらに強くなる。「国家の安全」を確保するために、同盟国の中で優先的に共通化しなくてはならないプロトコルは「相互運用」が必要とされ、IDシステムはまさにそうした領域である。国民IDカードシステムのような遠大な構想においても、あるいは、パスポートやビザの機能を拡大しようというより控えめな枠組みにおいても、こうしたことは明らかである。後節で見ていくように、「継ぎ目のない」ユビキタス・コンピューティングを実現しようという技術的な夢や、なりすましを防ごうという試みが、相互運用性を求める要求に弾みを付け、このことも身元特定に影響を与えている。

九・一一、なりすまし、相互運用性

グローバルに相互運用可能な身元特定システムを求める、主たる源泉は二つである。一つには、九・一一事件以降の「テロとの戦い」が、テロリストが目標達成のために、(少なくとも武器を鞄や乗り物に積んで)移動することを防げるような確実な身元特定システムを求めさせた。これに呼応してICAOでは、バイオメトリクスを基礎とした、機械で読める形の旅行書類(MRTD)の標準化を推進している。例えばカナダでは、二〇〇六年一〇月、一時滞在のビザ申請者および避難希望者の事務処理のために、指紋認証および顔認証のテクノロジーを試験的に導入した。(原注25) 二つ目には、ネット上での「なりすまし」事例の増加が、電子商取引を安全に行うための、広く相互運用可能な身元確認手段の追求を促進している。このような「標準」が、カナダにおける「公正な情報実践」（ＦＩＰｓ）の要求に沿っているかどうかを確かめるために、オンタリオ州の情報プライバシー・コミッショナー（ＩＰＣ）であるアン・カヴーキアンは、やはり二〇〇六年一〇月に、キム・キャメロンの「アイデンティティの七つの法」に基づいた書類を出した。(原注26)

グローバルに運用可能なＩＤシステムを求める二つの源泉が、果して一つのプラスティックカードの形で結実するのか、現時点ではまだ分からないが（例えばオンタリオ州のＩＰＣはこうした動きに反対する書類を出している）、この「テロ対策」「なりすまし対策」の二つは、国内的なＩＤカードシステムの発展を正当化する論理にも使われている。英国の事例では、ＩＤカード法案がまずはテロ対策として発表されたが、後にはなりすましの防止へとその理由づけは移っていった。いずれにせよ、国際的（あるいは超国家的）で相互運用可能な身元特定システムを確立しようとの欲求が根強くあるのは、証拠に裏付けられており、その道具として想定されているのは、多くの場合、国民ＩＤカードである。

この文脈において、ＭＲＴＤｓに向けたＩＣＡＯのイニシアチブはきわめて興味深い。なぜかと言えば、国境を超えた諜報情報のやりとりや取締りを可能にするための、乗客名簿記録（ＰＮＲ＝Passenger Name Record）データの提供や、特に米国の利益になるような、事前旅客情報（ＡＰＩ＝Advanced Passenger Information）システムおよび相互運用可能なデータシステムの政府間ネットワークといった、他の潮流と結びついているからだ。例えば二〇〇六年には、米国政府が、自国の領空に入る航空旅客の乗客名簿記録を、欧州の航空会社に対して要求していたことが、議論を巻き起こした。欧州司法裁判所（European Court of Justice）は、このことはＥＵのデータ保護法に抵触していると判断した。その後の交渉を経て、二〇〇七年一〇月には一時的な合意が両者の間で成立したが、(原注27)議論そのものはまだ解決を見ていない。

自由やプライバシーを求める市民団体が複数でICAOに公開書簡を出して調べたところ、ICAOでは「ドメスティック・ポリシーを制定し、これまでにはなかったプロファイルおよびIDカードを配備したり、あるいはバイオメトリクスを使ってID書類の効力を高めたりしている」らしいことが分かった。(原注28)機械で読めるだけでなく、バイオメトリクスを基礎としてRFIDで読むように旅行書類を「アップグレード」している国が複数あるところからすると、ICAOのことも確かではないか。ある国がRFIDやバイオメトリクスを使いはじめると、それをモデルとして、自分で評価して確かめることなく他の国に転用するICAOのやり方を、「ポリシーの使い回し《ロンダリング》」ではないかと評するコメンテーターもいる。

イアン・ホセインが挙げている「使い回し」の事例を取り上げよう。米国政府は、RFIDを使ったバイオメトリック・パスポートの承認を得るのに失敗した時、国内での慎重な審議を避け、こうした「標準」が必要だとする対外的な「要求」を見つけるようICAOに求めた。(原注29)ただこの事例については、ジェフリー・スタントンは、たとえICAOと政府との間に不透明な関係があったとしても、「使い回し」というよりも、RFIDを使ったバイオメトリック・パスポートの「標準」の「モデリング」ではないかとしているが。モデリングだとしても、国内でその問題を考えるのではなく、技術的・法律的により進んでいる外国をモデルとしてそれに従う、ということである。米国は国境警備強化・ビザ入国改正法で、細部の仕様を決める前に、RFID－バイオメトリック・パスポートを条件として明記した。実行可能な「標準」を作るのに、米国政府はＩＣＡＯに依存した。つまりは、ＩＣＡＯが国家の代わりにモデルを提供したのだ。[原注30]

ＩＣＡＯの活動は、「アイデンティティの安全保障化[原注31]」という観点から見ることもできる。グローバル化の進展で国民国家の領土内の活動が掘り崩されるにつれ、新たな形の統制が、しばしば超国家的なものを基盤として、登場してきた。もし人々が旅行したいなら、あるいは「移動の自由」を権利としていると見ているのなら、その自由を行使するためには、「個人化」と「管理」をリンクするような方法で、身元が明らかにされなければならなくなったのだ。飛行機で旅行したいのであれば、強制的に身元が確認されるアクセスポイントを通らなくてはならない。しかしながら、こうしたアクセスポイントでの警備は、「新たな形での排除」を生み出す。[原注32]国際的な民主化といった名目で行われる、この種の超国家的な組織の活動に対しては、厳しく精査をしていく必要がある。

ここまで論じてきた議論は、「グローバルな監視連合[原注33]」の誕生と見ることもできるかもしれない。スクリーンは世界を覆うほどに拡大した。「連合」といっても、何者かが「上から」グローバルな監視のシステムを作り上げるという陰謀を行っているという意味ではない。むしろ、様々な個々のアイテム（ＭＲＴＤ、国民ＩＤ、バイオメトリクス、ＲＦＩＤなど）が、単に協働するという意味だ。この「連合」の最近の引き金は九・一一テロであり、支配のシステムであると読み解ける部分もあるが、それ自体がいわゆる米帝国主義の産物ということではないのだ。こうした「連合」を駆動している欲望には、「管理、統治、安全、利益、娯楽」が含まれていると、ハガーティ及びエリクソンは言う。[原注34]われわれの文脈ではそこに「効率的な海外旅行」を加えてもよいかもしれない。

ハガーティとエリクソンは、「監視連合」における身体の役割にも焦点を当てている。彼らが記すように、身体はまずバラバラに抽象化され、その後で複製（データ・ダブル、この場合にはPNRやバイオメトリック・プロフィール）を作るために違う場所で組み立てられる。モニターされる身体は、まさにある種のサイボーグ（肉体とデータの融合）と言えよう。監視連合は、特定の目的のために、物理的にその場所に存在するか否かにかかわらず（否の方が多い）身体を可視化する手段なのである。(原注35) いわゆる「国境での検査」は、実際の国境よりもはるか「上流」で、航空会社や入国管理事務所のコンピュータ・システムの中で、行われている。(原注36) この「データ・ダブル」は、商取引から管理番号まで、多くの種類の情報から構築されているが、近年では、身体そのものがデータの源泉と考えられるようにますますなってきた。バイオメトリクス技術が開発され始めたのは九・一一テロ事件以前であるが、それが注目を集めるようになったのはやはり九・一一がきっかけだろう。

ここでの焦点は、電子旅券や国民IDカードといった、MRTDによって提案されている各種の身元特定・追跡システムの相互運用によって、それが意図したものか否かにかかわらず、どのような結果がもたらされるのか、ということである。システムにまつわるセキュリティの問題（例えばRFIDデータを不正に読むことは容易とされる）や、データ保護法規およびFIPを遵守するかといった問題だけでなく、ボーダーレスとされる時代に逆説的にも国境が強化され、そこを通る交通をいかに「濾過」しているのかという問題があるのだ。「拡大したスクリーン」によって可能になったある種の排除について、バイオメトリクスを論ずる次章で、さらに明らかにしたい。

相互運用性：その文脈

国際的に相互運用可能な身元特定システムという考え方は、「相互運用性」という言葉を必ずしも使っていないとしても、かなり前からある。「相互運用性」という概念は、各種のシステムや組織が協働することを広範囲に指す言葉だが、技術プロトコルや、それを可能にする「標準」についても、この言葉で表すことがある。もしあるシステムに幅広いプレイヤーが関わっているとすると、組織間、国内、国家間にかかわらず、その相互運用性はきわめて重要な問題である。

当然このことは政治経済に関わる。マイクロソフトが、同社の関わっていないサーバーとの相互運用性（互換性）を制限すると発表した時、二〇〇五年のEC会合で不満の声が上がった。マイクロソフトにとって、相互運用性は作動の核となる要素だが、国際的な文脈ではそれが権力や市場支配の問題として現れた。EUではマイクロソフトに課徴金を課そうとしたが[原注37]、現時点ではこの問題はまだ決着が着いていない。相互運用性は技術だけでなく、政治の議論にもなるのだ。

相互運用性（およびそれに類すること）が追求されるのは、いつどこでであろうか。旅券システムや、警備の問題については、個人特定の標準化が図られたのは二〇世紀か、さらに早いかもしれない。マーク・ソルターが記すように、「近代の旅券システムは、それが導入された一九二〇年代から、形態や機能を基本的に変えていない」のである[原注38]。国際的な警備の場合には、身元特定技術の標準化は、当初から中心的な目標の一つになっていた。

インターポール（国際刑事警察機構）の設立が話し合われたのもそれとほぼ同時期であるが（最初の

会合が開かれたのは一九一四年、国際犯罪警備委員会が設立されたのは一九二三年ウィーン）、実際に組織が出来上がったのは第二次大戦後のことだった。(原注39) しかしソルターが言うように、第一次大戦直後は「戦時動員体制」となって、国際協調よりも各国の安全の方が重視された。「国民の移動の自由を、国家が統制した」。(原注40) 二〇世紀の大半において、犯罪活動（特に標的とされたのは、麻薬や違法な武器取引）を追跡するために、身元特定を国際的に標準化しようとする動きが進展したが、これも九・一一以降にはさらに強化された。

情報や物や人が国境を越えて動くグローバル化によって、身元確認についての多くの問題が浮かび上がっている。空港や入管で、通常のビジネスマンや旅行者のためのシステムだけでなく、移民や難民のためのシステムの需要も強まっている。一九八〇年代以降、前者のグループを安全かつ迅速にチェックし、かつ、後者の「よりよい生活」を求めて移動してきたグループの入国許可や査証、旅行書類などを厳しくチェックすることを、容易に行えるようなシステムが求められてきた。「流浪者」からどれだけ隔たっているかによって、旅行者がある程度、定義づけられるようになったのだ。(原注41)

国際的なテロ活動への脅威が認識されるにつれ、グローバル化に新たな次元が加わり、安全確保や監視の手段が強化された。(原注42) この新たな次元が始まったのは七〇年代、一九七二年のミュンヘン・オリンピックでイスラエル選手団が監禁されて殺されたこと、英国でＩＲＡの活動が活発化したことなどを契機としている。さらに九・一一テロによって、空港でのセキュリティ強化、テロ資金の送金対策といったハードな安全手段と並んで、よりソフトな監視手段も導入された。(原注43) これは、レヴィやウォールが言うように、新たなテクノロジーを相互運用することによって、リスクのある個人や集団を特定しようと言うものである。そのためにソフトウェアやデータベースを通じて得られた二次データを分析し、「保険数理」的な戦略を立てる。既に判明した容疑者に関するデータも用いてデータ・マイニングを行い、怪しい人々を予防的に監視するのである。(原注44)

安全を脅かす敵から国家を守るための最も野心的で強力なプロジェクトは、長い間、英国および米国のエシュロンだった。これは通信データ(ファックス、電話、電信、電子メール)を傍受するものである。しかし九・一一以降はこれに、悪名高いTIA(当初はTotal Information Awareness[＝全情報認知]とされたが、後にはTerrorism Awareness[＝テロ認知]となった)という大規模な手段が加わった。インフラへの脅威を発見するために、データ検索ソフトウェアやパターン認識技術を使う。市民の活発な反対運動によって、TIAは二〇〇三年に公的には閉鎖されるが、本当にこのプログラムが雲散霧消したのかどうかは疑わしい。英国ではTIAと同等のものはなかったが、「スコープ」を使い、GCHQ(政府情報通信本部)とMI5(軍事諜報第五部門)およびMI6(同第六部門)で情報を共有する、類似した枠組みがあった。後にこれが、運転免許証から旅券事務所、バイオメトリクス・パスポート、ユーロダック(不法な難民を追跡するための、十四ヶ国に及ぶ指紋IDシステム)、そしてもちろん国民IDまで、十の政府関係部署が情報を共有するプログラムへと拡張した。そのさらなる拡張である「スコープ2」は、二〇〇八年に凍結された。(原注45)

こうした枠組みに共通しているのは、それまで分離していたデータベースを統合しようというところである。国内外の各種のシステムをスムーズに結びつけ、ある文脈で機能するものが他でも機能するような「標準」を確立する相互運用を目指しているのだ。異なったシステムや要素を結びつけて効率を上げようとしているだけではなく、監視の対象となり得る人の数も、大きく増加させようとしている。観察された行動に基づいて、特定の個人や集団を対象とするものから、全人口を潜在的な「容疑者」と想定するものへと、移行しつつあるのだ。攻撃を予防するため、あるいは、暴力行為や違法行為を防ぐために、それまで気づかれていなかったつながりを発見したり、大衆に対して「安全を熱心に追求している」とアピールする努力の一環として、多くの人の行動が精査されてしまうのだ。

相互運用性：事例

「文脈」から「事例」に移ろう。本節では、各国の国内的・超国家的な政策上で、相互運用性がいかに主たる目標となってきたかを示す。国内であれ国家間であれ、地理的に離れた組織同士が、その活動をよりよく協調させるために行ってきた試みである。ここで取り扱うのは、国民ＩＤカードシステム、デジタル・アイデンティティ・マネジメント・スキーム、そしてバイオメトリック・パスポート・プログラムという三つの事例だ。

英国のＩＤカードという枠組みは、二〇〇六年に法制化され、相互運用を一つの目標としている。国内的には官民を問わない普遍的なＩＤを、国際的にはＥＵ全体で使える認証システムを、提供しようとしている。前者の目標は、いわゆる「連結政府」(joined-up government) への欲求に関係し、後者は、域内でのＩＤ書類を統一化してＩＤカードをパスポートの代わりとして使えるようにしようとする、ＥＵの長期目標と関わる。(原注46) 二〇〇五年一二月、ＥＵの司法・内務相理事会で、国民ＩＤのための「ミニマム・セキュリティ・スタンダード」を決定、EUバイオメトリック・パスポートについても同様の基準を決めた。これらは、顔および二本の指の指紋で認証を行うRFIDの、ICAOでの相互運用基準が含まれている。

だが、個人データを収集する権力が拡大していることは、空港や国境で例外的に正当化されている権力が、国民国家の内部に広がって行くことを意味している。[原注48] 国民IDという枠組が、「保険数理的な正義」、言い換えると、「統計に基づいて誰が危険かを判断する基準[原注49]」への動きを生み出している。[原注47] その上、テロリズム対策においてグレーの領域が広がっていることから、「先制攻撃」の論理までそこに加わることがあるのだ。したがって各国は個人データを欲しがり、フィードバックループの中で、さらに相互運用へのニーズが高まる。再びスクリーンが拡大するのだ。

EUのi二〇一〇計画では、EU諸国の電子政府のアイデンティティ・マネジメントにおいて、法律および文化面での各国の違いや、EUのデータ保護枠組を無視することなく、将来のニーズと並んで相互運用性の問題も進めていくべきだと、強調している。ほとんどの国の政府が、将来の発展にとって「e-アイデンティティ」が不可欠だと認めており、その発展の最終段階にある国も何ヶ国かある。しかしながら、国際的な標準や法執行手段がないため、各国ともその実行や相互運用についてはつぎはぎ型のアプローチを取らざるを得ない。「国民電子ID」においてあるレベルの相互運用を確保するためには、まだ多数の課題が残っていると、この分野（例えば欧州電子商取引グループなど）の専門家は考えている。相互運用性は、利用者にとっても政府にとっても、確かに有益な点がある。持ち歩くカードや番号の数が少なくて済む上に、より多くの電子的サービスや保護へのアクセスが可能となる。こうした便益があることも、潜在的な危険と同じように、忘れるべきではない。

デジタル写真および個人データを保存したRFIDチップを備えた米国のバイオメトリック・パスポートは、二〇〇六年八月から発行されている。二〇〇七年秋までに、一五〇〇万人の米国民が利用し、二〇一六年には全てのパスポートがRFIDチップ付きになると想定されている。しかし、二〇〇六年の十月末には既に、米国の全ての入管は、ビザなしでの渡航が認められている国々（英国、フランス、日本、オーストラリアなど二十二ヶ国）からの情報を、電子旅券上のデータと比較、認証する準備を整えた。（原注50）パスポートのデータは、金属のメッシュによってスキミングから保護され、違法なアクセスや追跡ができないようになっており、「基本アクセスコントロール」がチップ上のデータをロックしている。データを光学的に読み取る前に認証が必要なのである。

しかしながら、メッシュやシステムによってデータの盗難が本当に防げるのか、実務的な問題が生じている。（原注51）こうした問題はまだ十分に解決されていないし、システムの推進者や販売者たちが「約束」するような能力が、実際には備わっていないことが示されている。また、既に触れたことだが、ICAOが承認した、RFIDで可能になるバイオメトリック・パスポートをどのように導入するのか、導入プロセスがどの程度真に民主的なものなのか、という政策的な問題も提起されている。こうしたシステムは、「ユージュアル・サスペクツ」（常連の容疑者）にとって、重大な帰結をもたらしかねない。第6章でも、IDプロセスと市民権に関連する問題を取り上げる予定だ。

「ユビキタスな監視」へと向かうのか？

現代における監視の「拡大したスクリーン」は、先駆とされてきた「ユビキタス・コンピューティング」の世界においても見られる。「ユビキタス・コンピューティング」は、相互運用性やＩＤの文脈であり、議論すべき価値がある。この世界では、建物の通常の部屋の中にコンピュータが埋め込まれる。つまり、文字通り家具の一部となるのである。「ユビキタス・コンピューティング」は、コンピュータ化の第三の波と考えられている。最初の波はメインフレーム（大型機）で、多数の人が一台の機械を共有した。そして、現在のパソコンは、第二の波とされる。そして、第三の波である「ユビキタス・コンピューティング」では、テクノロジーはハードウェアおよびソフトウェアとも後面に退き、「表に出ないテクノロジー」となる。マイクロコンピュータのチップが、日常のあらゆる機器や環境に大量に埋め込まれ、人間がそれにアクセスしたり、機械同士で通信したりする。この言葉が最初に使われたのは一九八八年、当時ゼロックスのパロアルト研究所に勤めていたマーク・ワイザーによってであった。とはいえ、広く言われるようになったのはごく最近のことである。(原注52)

ユビキタス・コンピューティングは、ネットワーク化したコンピュータ・システムが既に有している、個人データを追跡、記録、処理する能力をさらに拡張する。したがってこうした現象を、「ユビキタスな監視」と見ることができるだろう。同様に、それが十全に機能するためには、各ユーザーが自分で身元を証明する必要がある。同時に、組織の側からすると、消費者であれ市民であれ、多くの他者の身元を特定する新たな手段が提供される。こうした技術の発展は、監視の潜在的能力を大きく広げることになる。

北米で「ユビキタス・コンピューティング」という言葉が好まれるのに対して、ヨーロッパでは同様のことを「アンビエント・インテリジェンス」（AmI）という言葉で呼び、日本では「ユビキタス・ネットワーク」と翻案している。(原注53) しかしいずれにせよ、こうしたシステムを制御するプロトコルやコードの中にあらわれた権力や管理の問題について、この新しく現れつつある現象は問題を提起している。特に九・一一以降、こうした技術の発展がもたらす結果の予測不能性や、かつては政府に認められていた統治機能の民間化が進展したために、問題が強調されるようになってきた。(原注54) ユビキタス・コンピューティング（もしくはAmI）は、技術的‐商業的な願望を示した言葉だが、「身元特定による統治」という側面をも有しており、身元特定手続きのいかなる拡大も、原則的に、国家による安全要請の協力を必要とすることも、思い起こさなくてはならない。

ユビキタス・コンピューティングの導入によって、身元特定による統治の重要度がはるかに大きくなり、各人は、その役割が民間人、専門家、参加者などいずれであっても、システムと関わるためには、身元の認証を必要とする場面が増えた。既にセンサーによって心拍数や血圧を遠隔からモニターするヘルスケア装置や、チップで身元を特定してドアを開閉するシステムがある。また、商店では、顧客の位置を特定じて割引を行ったり、年齢、性別、プロファイル、住所などに応じた商品券を発行することもできる。(原注55) 既に記したように、こうしたことが発展すると、既に現在でも起こりかけているが、人間と機械との相互作用のあらゆるコンテクストが変化し、「何が起きているのか」についてのこれまでの議論や評価に対して挑戦するだろう。

しかし、既に述べた「身元特定による統治」や「脱集権化以降の管理を可能とするプロトコル」は、どのようにAmIやユビキタス・コンピューティングの「消費者‐顧客型世界」にあてはまるのだろうか? 「身元特定を正統化するのは誰か?」「プロトコルによる排除傾向はどのように現れるのか?」といった問題も問われなくてはならない。身元特定の様式は一般に、複数の力（企業、政府部局、そしてもちろんシステムの設計や構造の中の技術的に洗練されたプロセスも含まれる）の合成によって生み出されている。移民や公安といった分野ばかりでなく、消費の局面においても、排除へと向かう傾向は明らかである。オスカー・ガンジーが『パノプティック・ソート』(原注56)という画期的な著作を出して以来、もとより周縁化されていた集団が、さらに排除・差別される可能性が明確になった。(原注57)ユビキタスな（消費者）監視の出現は、こうした可能性をより広げるものに過ぎない。

「プライバシー」や「データ保護」といった、われわれが慣れ親しんだ原則は、ユビキタス・コンピューティグやアンビエント・インテリジェンスによって深刻に脅かされている。アプリケーションやサービスが「個人化」（何らかの形の身元確認を含んでいる）され、かつ、データの収集や蓄積がますます不可視な形で行われるようになるにつれ、個人のプロフィールは常に変容や再結合が行われ、巨大化した監視能力が「合意」や「説明責任」といったお馴染みのアプローチを超えていくのではないか。これはもはや「可能性」ではなく「現実」である。現時点において、「個人によるコントロールを与える」(原注58)方向での提案がなされてはいるが、これは利用者に高水準の知識を前提とする、楽観的なものだ。最近の九ヶ国調査では、カナダ、フランス、スペイン、米国ではインターネットや位置特定テクノロジーについてかなり人々が理解していたが、中国、日本、メキシコ、ブラジルではあまり知られていなかった。(原注59)意識喚起、ガバナンス、規制のための真に革新的な提案（ここでは社会的、政治的、倫理的なものを意味する）の余地は大きい。

身元特定、仕分け、液状型管理による支配

身元特定による支配の結果は、社会参加や可動性に影響を与える。というのも、身元特定と関連づけて得られたプロフィールによる評価によって、アクセスや資格が決定されるからである。運命を決めるのはシステムなのだ。とりわけ、排除をもたらすような運命を決定づけるのは、プロトコルである。

国際的な移動の場合、これまでも常に民族に応じてその扱いは違っていた。マーク・ソルターが言うように、「旅行には二つの世界がある。一つは簡単であり必要書類も少ない領域。もう一つは困難で大量の書類が要求される領域である」(原注60)。そして（ヴァーチャルにもリアルにも）国境とは、旅行者の「ゾーニング」が行われる場所なのである。国境での検問や、空港での移民審査などが「ふるい」の役目をする。その旅行者が入国できるのかどうか、仕分けるのである。既に記したようにオスカー・ガンジーは、消費者に対する「仕分け」について描いている。

ガンジーが「パノプティック・ソート」と呼ぶものの要諦は、「違った対応をするために顧客を多数の種類に分ける」ということである。マーケティングでは以前から使われていたこうした整序のシステムは、九・一一テロ以降、公安や諜報の分野でもごく当たり前となった。個人の身元特定を認証にだけ使うのではなく、記録の取得や更新にも使う。国民ＩＤの場合には市民は登録され、電子旅券

の場合には、税関や移民局が膨大なデータベースを維持する。そして集められた記録が今度は、差別の機能を伴う分類や評価に使われ、それで得られるサービスの水準や、滞在可能な期間、何か違反があった際の罰則の程度まで全てを決めるのである。

ガンジーの著作が最初に出版されたのは九〇年代初頭だが、それ以降にこうした「仕分け」の能力は大幅に拡大した。ふるい分けのプロセスは、消費者という文脈から国家や国際関係のものにまで広がり、現在では「消費者の監視」はグローバルな仕分けの一要素に過ぎなくなっている。ソルターらが示すように、こうした「仕分け」は、一部の人々には相対的に自由を、他の人たちには危険を（プロトコルによって）もたらす。プロトコルの中にはもちろん、国境における移民局のものなど伝統的なものも含まれているが、判断を正当化する手段がますますデータベース化した個人情報になってきているのである。(原注61)

身元特定による支配は、「液状型管理」とでも言うべきものを達成している。フーコーがかつて書いたような、領土内における硬質な規律ではなく、変動し、かつ、柔軟なのである。その点ではドゥルーズの言う「管理社会」に近い。だが、「管理」は「規律」を超えるものではない。「管理」も「規律」も同時に起こることが多く、互いに支えあっている。管理メカニズムの中にはおそらく、規律という実践が含まれており、逆もまた真である（刑務所への収容率が歴史的に見ても高率である現在、収監において管理プロトコルが顕著に使われているとしても、「囲い込み」や「分離」が無くなったとは到底言えない）。ギャロウェイによるプロトコルの分析は、フーコーによる「生権力」概念を補完する。プロトコルの論理は、「生命の計算によるマネジメント(原注62)」の実例である。しかしドゥルーズにしたがって

ギャロウェイは、これが抵抗の場所でもあると主張している。(原注63)

こうしたプロセスは全て「開かれた」ものであって、結末は定まっていない。プロトコルの世界は、これまで論じてきた「身元特定による統治」とは別の形の統治様式を行う可能性を有している。こうした可能性をどのように位置づけ、利用するかは、結論が出ていない。ギャロウェイは、ハッカー文化が抵抗のための新たな選択肢ではないかと示唆している。欧州でユビキタス・コンピューティングを批判している人々の間では、「個人によりコントロールを与える」という楽観主義がまだ失われていない。インターネットやデジタル技術の主導的な批評家の一人であるマーク・ポスターは、「著作権法、固定したアイデンティティ、検閲などが常に侵食され挑戦を受けているあらゆる種類の空間が存在している」と論じている。(原注64)ポスターが言うように、「インターネットのアーキテクチャは、下からの政治組織をグローバルに形作る可能性を持つ」。(原注65)身元特定プロトコルや、アイデンティティによる支配におけるその役割の将来を考える上で、こうした見解は示唆するところが大きい。

結論

今日のIDシステムは、「プロトコル」や「標準」の使用を通じて、身元特定による新たな統治様式に貢献している。特に国民IDは、単なる身元の確認だけではなく、より多くの目的を持つ。国民を分類し、評価することで「ふるい」にかけるのだ。スマートIDシステムが増殖し、それが国境を超えて使われるようになると、同様のカテゴリー分けを行うグローバルなコードが出現し、(EUの経験がどこでもあてはまるなら）既存の不平等を強化する。同様の排外的な傾向は、ユビキタス・コンピューティング（ユビキタス監視とほぼ同義）の追求で明らかになっているように、商業上のシステムやオンラインでも見られる。

個人データを収集する目的は将来予測だから、国境を超えようとする、実際には「隠すものを持っていない」人々を権威で説得するのは難しい。国境でのシステムは、顔や指紋のデータといった、生物学的な差異を利用したバイオメトリクスを使っているので、身元特定の役割は、他の分類や評価と切り離すことはできない。グローバルな可動性のため、あるいはアンビエント・インテリジェンス体制の枠内でのアクセスや可読性のため、今日の身元特定システムの「拡大したスクリーン」は評価されるであろうし、必要なところでは法的、技術的、学術的あるいは他の手段を用いて挑戦を受けるだろう。正義や公正さの規範にしたがって開かれた議論の時代は、まだ終わっていない。ただ、議論の文脈や様式は、急激に変化を遂げている。

グローバルな統合と調和が拡大したことで、意思決定がより現場や個人レベルから奪われ、他の要素（技術の専門家や企業）が介入する度合いが強まった。文化的・民族的なアイデンティティがかくも生活の「異議申し立て」という様相を持つようになり、生きる上での機会や選択、記憶、希望などに大きなウェイトを占めるようになった現在、官僚制的な統治をしやすくするために、アイデンティティを機械が読み得る公式やアルゴリズムへと縮減させようとの努力が払われているのは、皮肉とも言える。このことは、「ヴィースラー大尉」（映画『善き人のためのソナタ』に出てくる監視者）との決別を意味するのだろうか。おそらくそうではない。人間が他者によって、とりわけ非人間的な機械システムによって身元特定されるとしても、それに対抗する動きが必ず現れ、別のアイデンティティを得ようとするのだ。歴史的な観点から見ると、人間の能力や技能を機械に縮減しようとすると、しばしば反抗運動が起きた。そして、市民の権利を国家が制限しようとしてきたことも、驚くには当たらない。

新たなＩＤが市民に与える影響を考える前に、もう一つ別の次元について検討するのも無駄ではないと思う。それは「ボディ・バッジ（身体記章）」だ。正確な個人認証のために、人間の身体の性格を利用することを、私は「ボディ・バッジ」と呼んでいる。身体データの詳細（例えば指紋、網膜、顔認識）を検討することは、新たな身元特定システムのグローバルな影響を考えるのと同じくらい重要である。既に書いてきたように、これらは既に「監視集合」の一環を成しているのだ。

第5章　ボディ・バッジ

バイオメトリクスを通じて身体は、長期に渡る社会的・政治的不平等によって形成されたアイデンティティを刻み込まれるだろう

イルマ・ヴァン・デア・プレーグ（原注1）

二〇〇七年の末から二〇〇八年の初頭にかけて、米国FBIは、バイオメトリクスに関わる二つの構想を発表した。一つは「新世代身元特定」（NGI）と呼ばれるもので、身体の特徴に関する世界最大のデータベースを一〇億ドルかけて構築し、法執行機関が利用するだけではなく、条件付きながら身元特定および刑事目的のために、企業が各種のバイオメトリクス情報を収集することも認めている。ウェストヴァージニア大学のCITeR（身元特定テクノロジー研究センター）のローレンス・ホーナクは、このプロジェクトの長期目標を、「バイオメトリクスのユビキタス（遍在的）な利用」だとしている。（原注2）

第二の構想は「空の中のサーバー」と呼ばれるもので、FBIがオーストラリア、カナダ、ニュージーランド、英国の機関との協力を可能とする国際的なバイオメトリクス・データベースである。バイオメトリクス情報を、グローバルな規模で、高度に研究・交換できるようにする。この共有システムでは、容疑者を三つのカテゴリーに分ける。第一は「国際的に認知されたテロリストや重罪犯」で、第二は「重罪犯およびテロリストと疑われる人々」、そして第三は「テロ捜査の対象となった者や、

国際的なつながりを持った犯罪者」である。(原注3)

現時点(二〇〇九年)では、こうしたシステムが十分に機能するのかどうかは誰にも分からない。しかしながら一つ言えるのは、バイオメトリクスはごく短時間のうちに、海のものとも山のものとも分からないものから、高まる身元特定ニーズの解決策へと変身を遂げたということだ。既に見たように、「ユビキタス・バイオメトリクス」への期待が表明されており、企業や政府機関がバイオメトリクスに多大な信頼を寄せていることが分かる。この劇的な変化は、少なくとも二つのことを示唆する。一つは、法的な地位やアクセスが、ますます身元特定手段と関連づけられていること、もう一つは、身元特定手段にバイオメトリクスが使われる場合が増えていることだ。これは法や諜報といった分野だけではなく、雇用など生活の他の領域にもあてはまる。

既に見たように、今日私たちは、身元特定によって統治されている。(原注4)いわゆる「情報時代」において、かつての紙を基礎とした官僚制の時代よりも、身元特定の重要性は増した。個人データの処理を可能にする電子情報インフラは、個人と組織との間を媒介する身元特定書類やプロトコルに依存している。従業員は職場に入るのに身元をアクセスカードで示し、旅行者は飛行機に搭乗するためにパスポートを提示し、患者は病院で医療サービスを受けるのに健康カードを作る。カードおよびそれが依存するデータベースがなければ、身元は認証されない。自分の身元について自分で話すだけでは不十分なのである。大事なのはカードを提示することだ。

現在では、この「身元特定による統治」という方程式に、バイオメトリクスという新たな変数が加わっている。かつては警察が手作業で照合していた指紋も、現在ではデジタル化され、データベース化されているので、遠隔地からも即時に照合を行える。また、かつて手作業で描いたり、精密に測定したりしていた顔も（例えば、一九世紀フランスにおけるベルティヨン法）、現在ではカメラで撮影し、システム内の他の顔と即座に比較できるよう、独特な特徴をテンプレート化している。[原注5] 虹彩や網膜のパターンが使われる場合もあるが、IDカードでよく使われるのは、イタリアのような国家的システムであれ、「拡大運転免許証」や「写真カード」のような部分的なシステムであれ、指紋と顔である。身体からサンプルを取ることが、次第に法制化されつつあるのだ。

IDカードシステムの発展や議論において、バイオメトリクス要素が急速に、舞台の中心に踊り出してきた。米国で起きた九・一一テロおよび「テロとの戦い」は、国家の安全を遮二無二追求する雰囲気の中で、身元特定システムを更新する恰好の機会となった。そこで提案されたシステム自体は、一般的に既に利用可能なものであったのだが。[原注6] さらに、テロにおいて空港が大きな役割を果たしたことから、バイオメトリクスを使った身元特定はまず航空の安全を強化する試みとして（その他に乗客の効率向上という理由もあったが）用いられた。例えば二〇〇二年三月、アムステルダムのスキポール空港で、優先搭乗客のために初めて虹彩を使った安全チェックが行われた。[原注7] また二〇〇八年に英国政府は、二つの空港で、航空労働者の新たなIDカードを試験的に導入すると発表した。[原注8] 既に空港は旅行者のデータをふるいにかける役割を果たしており、[原注9] 荷物を綿密に精査している。したがって、空港でバイオメトリクスを導入することは、既存の安全手段を拡張し、効率を高める自然な手段のように見える。

既存のもしくは提案中の国民IDカードシステムにおいても、バイオメトリクスは大いに使われている。国際民間航空機関（ＩＣＡＯ）が公表した国際パスポート書類についての標準を米国が支持すると、他の多くの国もこれに従うしかないような空気となった。二〇〇二年の国境警備強化及びビザ入国改正法によって、オーストラリアなど二十七ヶ国は、もし機械可読型のバイオメトリクス・パスポートを早急に導入しなければ、ビザ免除プログラムから脱落するのではとの脅威を感じた。(原注10)

多数の法執行機関や民間企業が、バイオメトリクスのさらなる利用を推進している。人の移動やアクセスを統制するだけでなく、取引の安全性を強化するためにも利用される。バイオメトリクスを推進する人達は、その応用範囲は広いと見ている。バイオメトリクス産業の規模も、とりわけ九・一一テロ以降には着実に拡大しており、(原注11) ＩＤ書類にバイオメトリクスを使うことに対しては世論の後押しもある（少なくとも、表立った反対論は聞かない）。例えば、二〇〇七年のカナダの世論調査では、七二％もの人々が、写真と指紋とを搭載した国民ＩＤカードの導入に賛成している（米国では二〇〇六年の世論調査で、国民登録の是非を尋ねたところ、「賛成」、及び、「どちらかと言えば賛成」が合わせて五三％であった）。(原注12)

身元特定手段がバイオメトリクスに変わったことは、ある種の断絶をもたらす一方、歴史的な連続性も残っている。この矛盾関係が提起する三つの問題について、これから考えて行こう。第一に、バイオメトリクスによる身元特定は旧来のものより優れているとする主張をどのように評価すべきか？第二に、なぜ身元特定の手段として身体が注目され、これはかつての植民地や犯罪管理のための身体利用とどのように関連しているのか？　第三に、アイデンティティや身元特定をめぐる最近の議論と関連して、バイオメトリクスの深い文化的な意味は何なのか？

第一の問題に答えるためには、バイオメトリクス推進派の主張を検証・評価するだけでなく、バイオメトリクスについての（技術的および文化的な）説明が必要である。(原注13) また、技術文書やマーケティング領域において、こうした主張を行っているのが誰なのかも問われる。(原注14) 現在のバイオメトリクスの断絶性と連続性に関わる第二の問題においては、植民地や犯罪管理という文脈で発生した旧来の身元特定に立ち返り、また、現在利用可能な最も洗練されたシステムにおける民族的もしくはそれ以外の不利益についても、考える必要がある。(原注15) 第三の問題は、私たちをより深い問題へと導く。私たちはまだ、身体とデータとを区別できるのか？　身体をパスワードとして使うことは文化的にどのような意味があるのか？(原注16)

バイオメトリクスという解決策

バイオメトリクス技術は、ある人々にとっては、積極的な身元特定を追求する組織の様々な課題を同時に解決する新たな万能薬のように見えているらしい。広告が語りかけるように、バイオメトリクスは公的部門および民間部門における、「明日の」安全システムの核心とされているのである。都市国家シンガポールはバイオメトリクスに積極的に投資し、新パスポートに使うだけでなく、シティバンクの通常の口座管理にも指紋認証を使っている。バイオメトリクスで管理されている人々が移動することを考えると、相互運用の必要性は高まり、国境を超えて国際的な技術標準を樹立する動きをもたらすだろう。ＦＢＩの、国際的にバイオメトリクス・データベースを統合する「空の中のサーバー」構想は、「サーバー」を作動させるための標準を明示的に要求している。

では、身元特定問題の解決策としてバイオメトリクスを使う魅力は何なのだろうか？　旧来の辞書ではバイオメトリクスを、「量的・統計的な生物学研究」としているが、今日の定義では、人間の身体的性質の測定および分析を可能にする情報技術の存在を前提としている。指紋、網膜や虹彩の走査《スキャン》、声紋、顔パターン、掌紋などが含まれ、それぞれが個人認証などに使われる（それ以外のバイオメトリクス、例えば歩行パターンなどが、軍隊や警察で、正しい標的や容疑者を捕獲・殺害するのに使われる場合がある）。国民ＩＤカードの場合には、顔、指紋、虹彩がよく搭載され(原注17)、中でも信頼性とコストの面から、指紋が最も多い（約七五％）。バイオメトリクスを利用するためには、走査機器、走査された情報をデジタル化し照合するソフトウェア、バイオメトリクス・データを比較のために蓄積するデータベースといった情報技術が必要となる。蓄積したデータは通常、セキュリティのために暗号化される(原注18)。

バイオメトリクスの利点は、ほとんど全ての人間が備えている身体的な特徴を使うこと、そして、なりすましがしにくいなど低リスクで、かつ非侵襲的、さらに高速性である。バイオメトリクスの支持者たちは、それが使われる可動的環境を考えると、安全性と利便性の面で、あらゆる人々にとって利益が上がる、としている。このことはもちろん、人間の身体が容易にこのシステムの中に登録されることや、暗号が安全なこと、身体データと身元とを結びつけるアルゴリズムが適切に作動すること、などを前提としている。後者は、個人認証の問題でもある。

厳密に言えば、バイオメトリクスの用途の大部分は、身元特定よりは認証である。両者とも個人を認識するという点では共通しているが、後者の方が技術的には簡単なのである。認証というのは、例えば移民局や店のレジで、その個人が自ら主張する身元が正しいかどうかを判断することである。他方身元特定とは、「この人は誰か?」というより広い問題に答えようとするもので、この答えは、データベースの中の膨大な範囲に広がっている。例えばＡＦＩＳ（自動指紋特定システム）は、ある状況の下では、かなり難しい問題を解かなくてはならない。しかし、アクセス・コントロール、コンピュータのログイン、福祉支給、海外渡航、国民ＩＤカードなどが日常的に行っているのは、現実には個人認証なのである。

「認証」や「正統化」という概念も、バイオメトリクスの信頼性を示すのに使われる場合、問題を孕んでいる。(原注19) 測定プロセス自体においても、測定値を別人と結びつけてしまう可能性においても、様々な間違いが起こる可能性がある。後者の例として、ブロンクス出身の自動車工であるルネ・ラモン・サンチェスのケースがある。サンチェスの指紋が、麻薬の取引や密輸を行うレオ・ロザリオの指紋とされたのだ。サンチェスは何度も逮捕され、この間違いが発見されて問題が「解決」した二〇〇二年になるまで、数ヶ月間も獄中で暮らす羽目になった。サンチェスが九五年に、酒気帯び運転で捕まった際、警察は間違って彼の名前をロザリオのデータの上に書いてしまい、それが犯罪捜査システムに入力されたのだった。(原注20) サンチェスは今でも、この人違いのために不利益を被っている。

バイオメトリクスが提起するもう一つの問題は、どの程度類似していれば一致とみなすかという「寛容度」と関わっている。測定も照合も様々な理由で変動しやすく、「偽陽性」（本当は一致していないのに一致しているとみなす）や「偽陰性」（本当は一致しているものを一致していないとみなす）の両方が起こり得る。オレゴン州の弁護士が、マドリードでの列車爆破事件で投獄されたのは「偽陽性」であった。事件の近くで撮られた写真を彼の姿とＦＢＩが勘違いし、ＦＢＩが間違いを認めてようやく釈放された。(原注21)

セキュリティの度合いをどの程度にするかは、例えば空港当局のような利用者の判定が例にあげられる。寛容度を下げると「偽陰性」が増え、上げると「偽陽性」が増える。前者の場合には、空港を例に取れば、セキュリティが下がり潜在的なテロリストたちが警備の目を逃れるだろう。後者の場合には、無実の人々が不意に捕まることが増えるかもしれない。寛容度の選択は通常、主たるスポンサーの利害に沿って決定され、また、状況によっても変わる。例えば空港の場合、混雑していて早く乗客を流す必要があれば寛容度を下げ（一致のための条件を厳しくし）、そうでなければ警戒の基準を上げることが考えられる。(原注22)

さらに、寛容度のような事柄の決定は、一般人に対してはもちろん、システムの作業員に対してもオープンでもなければ明瞭でもない。無実の旅行者が必要もないのに「容疑者」として逮捕されるなど、重大な問題を引き起こす可能性がある。ルーカス・イントローナが言うように、他のテクノロジー同様バイオメトリクスも、「不透明かつ寡黙」なのであり、(原注23)社会的な精査は困難である。顔認識システム（ＦＲＳｓ）についてイントローナは、ソフトウェアが独占販売であるため、アルゴリズムのコードにアクセスすることは難しい（とりわけ作動中の場合には）としている。このことは、特に周縁化された人々にとって、重大な意味を持つ。

顔認識システムはしばしば、「効率的、効果的、中立的」と考えられているが、実際には社会の中で使われると、たとえば、アフリカ系、アジア系、色の濃い人々や年配者に与える影響が大きく、その意味では偏向している。このシステムを作動させる人々は、「偽陰性」の多さを気にかけ、「特定の集団」をより精査しやすくするような形で、境界を設定することが多いだろう。検出可能性におけるわずかな差異が、容易な身元特定ができるようなアルゴリズムへと「翻訳」され、たとえ人違いの可能性が大きくなっても、閾値をより高く設定するだろう。イントローナが結論付けているように、「アルゴリズム内でのわずかな認識率の違いが、それが社会 - 技術的に監視実践の中に組み込まれた場合には、政治的（倫理的）に重大な意味を持つ可能性がある」(原注24)のだ。

他の問題についても後で触れるが、その前に、バイオメトリクスを称える主張について検討しておくのも無駄ではあるまい。セキュリティの問題に対して、バイオメトリクスが解決策になるという主張が、企業やコンサルタントによって活発に行われており、特に政府の公約や指令においても、安全の問題が非常に重要な位置を占めるようになった。例えば非営利団体である「国際バイオメトリクス産業協会」は、「同産業を拡大し、主導的な民間および公的部門におけるバイオメトリクス利用の後押しを、政府に対して要請する」ことを、存在理由としている。(原注25)反面、バイオメトリクス側の主張を中立的に評価するような研究は、見つけるのが難しい。EUの報告書『フロンティアに立つバイオメトリクス：社会へのインパクトを評価する』(原注26)では、バイオメトリクスの限界も一部認めてはいるが、商業部門にバイオメトリクスが広がって行くことを前提にしており、「活気ある欧州のバイオメトリクス産業の振興」を目的としている。

となると、バイオメトリクスを批判的に検証する役割は、市民自由運動家や、人権擁護団体、プライバシー保護団体、学界などが担わなくてはならない。(原注27) とはいえ(無自覚に)問題に貢献している団体もあるかもしれない。例えば、「自由と安全」の報告書『バイオメトリクスの動向』は、欧州におけるバイオメトリクス産業の発展のあり方を厳しく批判している。途中を省略せずに引用すると、以下のようになる。

その場しのぎや、金融や産業が、政策や現在の選択における傾向を駆動させている。EU二十五ヶ国はバイオメトリクスの選択や、IDカード、パスポート、相互運用性、フォーマット、書類の持続性、付随するテクノロジー(書類の読み取りやスタッフのトレーニングも含む)の技術的な範囲、実際の質的なコード、悪意のある内部者の行為への対処能力といった点で、意見を異にしている。政府によるレトリックと現実との間にも懸隔がある。データ保護を第一にと主張されているけれど、詐欺への対策は注目の向け所で的を外している。国の内部の情報を民間部門や第三国にアウトソーシングしている。(原注28)

この報告書は主張を立証しているだけでなく、さらにEUにおけるバイオメトリクスの将来についても建設的な提案を行っている。

特に、「自由と安全」の報告書の著者であるジュリエット・ロッジは、EUにおけるバイオメトリクスの発展には、「三つの不足」があるとしている。(原注29) まず技術的に、情報技術インフラが不適切かつ不適合であること。情報処理および情報交換に信頼性がなく、データ移転や相互運用性について疑問が持ち上がっている。システムの故障や陳腐化、詐欺などへの対策も十分ではない。第二には政治的に、組織内および組織間の信頼がないこと。いかに普通の市民が完全な参加に包摂もしくは除外されているのかについての注意不足。「インフォームド・コンセント」についての知識不足や、強制的な枠組みに対して利用者は元が取れないことに由来する。さらに、相互運用システムにおける「ビッグブラザー」や、機能のひそかな増加、悪意のある内部者、単純な間違いなどを、人々は恐れている。第三にロッジが挙げるのは、「コミュニケーション」の不足である。ここでの大きな問題は、誰が議題や政府や私企業を動かしているのかということ。それに加えてヨーロッパでは（もちろんカナダやメキシコ、その他にも通じることだが）、米国の要求が協力への警察・司法のアプローチを支配していることである。

なぜ技術、政治、コミュニケーションの点から深刻な問題があるバイオメトリクスが、この二一世紀初頭に世界に広がったのか、問うてみる価値がある。明らかに目に止まる以上のことがある。[原注31] パトリック・オネイルは複数の要因が働いていることを示唆する。[原注32] 一つは一般民衆のリスク認知である。テロは、起きる確率は低くても劇的で恐ろしい結果を生じることから、確率を減らすだけでなく「ゼロ」にする選択肢が好まれるのである。このことが、テロを予防するための選択を形成することになる。

九・一一以降にバイオメトリクスへの依存が急に高まった鍵的要因がもう一つある。ハイテクによる「解決策」を（ローテクやテクノロジー抜きの解決策よりも）好む、西側社会に顕著な傾向である。おそらく、劇的なリスクを減らすのに、ハイテクも十分劇的に見えるのだろう。[原注33] こうした雰囲気と結びついて、巨大な政府（とりわけ九・一一以降の米国）はバイオメトリクス産業を後押しし、こうしたテクノロジーの発展にインセンティブを与えてきた。(原注34) オネイルが示すように、情報技術が「十分に試行済みの」最先端であると一般に高く評価されていることで、特に、責任を間違いやすい人間から機械へと移すなど、ＩＴへの依存が正当化されている。(原注35) こうした要因がバイオメトリクスのマーケターの手のうちにあるのだが、それだけではなく、政治家や学者、果ては批評家まで、バイオメトリクスに賛成する人たちが後押ししている。

オネイルは、バイオメトリクスでなりすましは不可能になると主張した英国内相（当時）のデイヴィッド・ブランケットと、バイオメトリクスはフールプルーフ（馬鹿でも使える）と米国人に請け負った社会学者アミタイ・エツィオーニの例を挙げる。(原注36) 彼らの議論は、システムの実際の使用ではなく孤立した環境での実験で得られた高い成功率に基づいており、対テロ戦術や、「情報」と「諜報」とを同一視するような状況にも影響されている（「諜報」とは単なる情報の集積ではなく、容疑者の意図なども含んだ概念である）。市民の自由を重視する立場に立つ批評家までも、その危険を誇張する（広告通りに作動することを前提）ことで、バイオメトリクス技術が効率的だとの感覚を助長している。

かくして、身元特定や認証のシステムにおいて、バイオメトリクスは選択肢の筆頭となりつつある。バイオメトリクスは、「身体それ自体」（この概念が問題含みであることは後で触れる）の利用を意味付けているように見える。というのも、パスワードを覚えたり、別のアイテムを持ち歩く必要もなく（もちろんＰＩＮ＝個人識別番号を使うためには依然として多くの場合、データを収めたカードを携行する必要があるが）、また、身体と身元との関係が安定していることを前提としているからである。

しかしながら、バイオメトリクスについて中立的な立場での研究はなかなかない。バイオメトリクス企業は、自社の製品について盛んに喧伝し、その潜在的市場が膨大であることを知っているが、多くの場合政府の側では技術的な判断を行うだけの技能がない。問題は複雑であり、バイオメトリクスによる「解決策」が正しいとする証拠は、少なくとも複合的で、しばしば混乱している。

バイオメトリクスと情報の身体

身体特徴を用いた身元特定の最も顕著な特徴の一つは、それが集団間の不適切な差別につながりやすいことである。(原注38) あらゆる身元特定システムは、集団間の効率的な差別を手助けする目的があり、関係者全員が満足するということはない。このことは、分類の倫理に関わる基本的な問題を指し示す。ルーシー・サッチマンは賢くも、あらゆるカテゴリーには政治があると表現している。(原注39) サッチマンが言っているのはカテゴリー分けをする側の動機だが、それだけではなく、カテゴリー分けによる結果もまた倫理的・政治的な精査を必要とする。コンピュータ・システムの設計者は、規律や管理に向いた形でカテゴリー分けを行っている。また、分類の背後には潜在的に権力関係も隠されている。ボウカーとスターが保険業界を題材に調べたように、分類の背後には分類する人々のニーズが反映しているのだ。(原注40) バイオメトリクスによるカテゴリーには、どのような権力の非対照性があるのだろうか？

サイモン・コールは著書『疑わしいアイデンティティ』の中で、「人体測定法」（分類のために人体を測定する方法）は緻密で科学的であることを誇ってきたが、「指紋鑑定」（捜査のための指紋の検証）

は実用技術と見られてきた、と結論づけている。このことは、「他者」（植民地の人々、移民、有色人種、女性など）が、国家をスポンサーとする分類の網目の中に組み込まれたことを意味するとコールは言う。[原注41]だが二一世紀において、事情は一変した。指紋は依然として、性や人種や社会的地位にかかわらない普遍的な身元特定法となったが、バイオメトリクスによる身元特定は依然として、現在不利益を受けている人（例えば福祉受給者）や移民（二一世紀には「好ましからざる異人」といった表現は大っぴらには使われなくなったが）との関係において追求されているのだ。

ユーロダックという名前のシステム（この名前はダクティロスコピー＝指紋鑑定に由来する）は、EC諸国への難民が、同時に他の国に避難を求めていないかをチェックする目的で作られた。この二〇〇〇年に作られた自動指紋認識システムは、二〇〇三年に実際に使われ始め、二〇〇六年に初の査察を受けている。査察の詳細な結果については、当該情報の「センシティビティ」（機微に触れる情報であること）のために公表されていない。要約によると、欧州データ保護観察官たちは、指紋記録が不適正に持ち出されていたことを発見したと言う。普通に滞在していたカテゴリー3の難民たち（第三国出身）が、ユーロダックの規制で許可されている以上の捜査を受けていた。[原注42]さらにこのシステムが、喧伝されている通りに作動するのかについてさえ不明だ。[原注43]

第二は、現在のバイオメトリクスと、植民地支配や犯罪管理に使われた旧来の身元特定手段との連続性は（断絶と比べて）どの程度なのか、という問題である。洗練を極めた現在のシステムが、民族などを理由に不当な扱いをする可能性がないだろうか。カナダと米国を例に取ると、現在のバイオメトリクスは犯罪管理（法の執行）、社会的援助（福祉の受給[原注44]）、国境管理（パスポート発行）を目的として発展してきた。各事例において、既に周縁化した人々、あるいは不利を背負った人々（犯罪者、貧困者、有色人種など）が観察の対象であり、これらのシステムの目的は、包摂すべき人と排除すべき人、信頼できる人とできない人、等々を区別するところにある。一見しただけでは、なぜバイオメトリクスによる身元特定が「弱者」に不利に働くのか明らかではないかもしれないが、バイオメトリクスによる身元特定のために選ばれた集団があるという事実は、少なくとも、否定するならそれだけの根拠が必要であることを示唆するだろう。（原注45）

異なった社会集団の特徴を適切に捉えるだけの能力がバイオメトリクスにあるのか、既存の身元特定手段と比べて優れているのか、ということは問われなくてはならない。バイオメトリクスが、観察者の主観的な眼を、スキャナーの客観的な眼で置き換えるといった主張がよくあるが、問題はこの「客観」が、階級や人種、ジェンダーなどの違いを定義するあり方によって変わってしまう、ということだ。一九世紀、例えば「東洋人」のような「違いを見抜くのが難しい人々」を区別する能力から、個人識別は指紋などに委ねられた。この状況は今でも変わっていない。例えば「アジアの女性」（原注46）のような集団は、バイオメトリクスにおいても不可解なものとして扱われている。

カリフォルニア州の福祉行政で、ステレオタイプが再生産され、時には強化さえされることを、シヨシャーナ・マグネットが示している。移民や障害者や、特に女性が福祉を請求した際に、チェック用に指紋を採取し、彼らを犯罪者扱いしている。福祉詐欺を防ぐためとして触法者用の手段を用いることを正当化しているが、マグネットの研究によれば、こうした犯罪者扱いによって、「貧困者の烙印《スティグマ》」は悪化する。特に打撃を受けるのは有色人種の女性だ。（原注47）バイオメトリクスを使って誰が福祉を受給する資格があるのかを決定することは、ケースワーカーの裁量を減らし、政府による規則や規制の役割が増すことになるが、このことは個々人よりもむしろ社会集団に影響を与えることになる。(原注48)

ことはそれにとどまらない。バイオメトリクスによって否定的なステレオタイプが再生産される一方、コインの裏面として、バイオメトリクス・システムの設計自体にもそれを助長するような欠陥があることが指摘された。人種に関して言うと、「白人」以外がバイオメトリクスを使った場合に問題が持ち上がるという。この問題は、例えば移民局がバイオメトリクスの記録をチェックするよりずっと前、登録の段階で起きるものだ。

ある種の集団は、特に「登録困難」として分類されている。測定しても「登録失敗率」(FTEs)が高いのだ。機器の生産の段階から、ヒスパニック、黒人、アジア系といった非白人集団の登録失敗率が高いことが示唆される。このことは一見すると、バイオメトリクスという野蛮から逃れられるように見えるかもしれない。しかし結果から見ると、ジョセフ・パグリーズが論じたように(原注49)、バイオメトリクスという枠組みが基本において白人を特権化していると読むこともできる。もしバイオメトリクスが白人を基準としているのであれば、このことは根の深い問題と言える。

バイオメトリクスによる身元特定の文化

第三の問いは私たちを、いくつかの基礎的な問題へと引き戻す。身元特定が「話」から「サンプル」へと移行したことはどんな意味を持つのか? 近代の科学や法律が前提としていた身体とデータとの区別は、今後も維持できるのだろうか？　身体をパスワードとして使うことは、文化的にどのような意味を持つのか？

まずは、身元特定や認証を身体の痕跡に頼ることの一般的な問題についてコメントする。私たちが身体と考えているものの安定性や、それがいかに情報という表現形態に結びついているかについての前提から、バイオメトリクスによる身元特定への誤解が生まれているのではないだろうか。他の分野でもそうだが、今日のデジタルメディアで流通する情報は物質ではないとの考えが熱心に支持されており、このことは、人々がバイオメトリクス手段によって身元特定されると実際には何が起こるのかについての議論を覆い隠す役割をする。身体を直接に計測して得られた数字が身元特定に使われる（パスワードになる）と、これは「個人についての情報」にとどまらない。(原注50)身体の利用や経験のされ方が変化したのであり、存在論的・倫理的な疑問をも呼び起こす。(原注51)

バイオメトリクスによる身元特定は、電子以前の時代における身体による身元特定を超えた、文化的・倫理的な疑問を明らかに呼び起こす。近代のカテゴリー分けの大部分で、特に二〇世紀の場合、例えば犯罪現場で見つかった指紋と容疑者とを結びつけるなど、記録と個人との関係は基本的にケース・バイ・ケースであった。ミシェル・フーコーが『性の歴史』(原注52)で国家が人間を管理し身体を統制するあり方として近代に発展した「生権力」を重要なものと書いているが、「生権力」がより顕わになったのはここ数十年のことだろう。(原注53)

今日、身元特定プロセスの中心にあるのはカテゴリー分けである。検索可能なデータベースは、大規模でリアルタイムのカテゴリー分けを可能とし、容疑者（あるいは有資格者や合格者でもよいのだが）を生み出して行く。(原注54) こうした枠組が、法執行機関以外の様々な場所でも作動する。例えば福祉や国境管理、職業や商取引などだ。統治の手段としての「生権力」という考え方が、監視に依存したこのような文脈で意味を持つ。人々を分類し、その分類を広め、その作用形態(原注55)を決定することは、一般にはまさに監視によって、とりわけ「生権力」によるアイデンティティによって、可能になったのだ。

デジタルコードによって特定された身体は「情報」であるとヴァン・デア・プレーグは言う。(原注56) 同様のことは、やや違った言い方ではあるが、ヘイルズも指摘している。(原注57) デジタルメディアが日々の関係を取り囲んでいる現代では、近代で馴染みの解剖学的 - 物理的な記述は、あてはまる範囲が狭くなったように思える。「情報化した身体」という表現も、注意深く熟考する必要がある。「身体それ自体」と「身体についての情報」とがまだ区別できるとしても、それに対して規範的・倫理的に応答するのは不適切である。もしこの区別が維持されているとするなら、バイオメトリクスに関する潜在的な問題は、例えば、「指紋や眼などを計測して登録した身体データは適切か」「処理された身体情報はプライバシーに由来する規制に適合しているか」といったことに限られるだろう。プレーグが論ずるように、「身体的統一性」という概念が、こうした問題に物を言う。プレーグは、X線撮影による「身体の内部」と、抽出されたDNAサンプルとを、どちらも「内部」として類比的に扱う。(原注58)

しかし実際には、内部／外部という区別は既に、問題を孕んでいる。バイオメトリクスを使う理由は、身元についての情報を生成する（もしくは、少なくとも「身体」と「データ」とを結びつける）ことだからだ。(原注59)「身体がいつ情報になるか」というのが、プレーグが提起した真の問いなのである。さらに、この種の情報は、社会保証番号や（銀行の）個人識別番号よりも、「私」が誰であるかに密接に関係している。情報化された身体は、身体の定義が解剖学的なものからデータを基にしたものへとシフトしたのと同じように、身体的統一性についての考え方を変えることを要請するのだ。一つの考え方は、かつての「身体的統一性」を、身体から得られたデータ（例えばＤＮＡ）をも含むように拡張し、「身体」とは、「身体関連と主張されるもの」から成っている部分もあると認めることである。

いかにして情報と身体とが分かれるのか、あるいはキャスリーン・ヘイルズが言うように、いかにして情報が「その身体」を失うのかについて、コメントするのも無駄ではあるまい。(原注60)現代の情報通信システムの中で、情報は「脱身体化」するというのが、ヘイルズの観察である。電子メディアにおいて、情報と、その物質的な文脈とが袂を分かち、「脱身体化した」情報について語ることができるという意味だ。こうした仮定が前面に出てきたのは二〇世紀半ば、「新たな」通信技術についての議論の中でだが、当時も論争が行われ、(原注61)そしてヘイルズが再びそれを取り上げているのである。情報が社会的・政治的・文化的な文脈にかかわらずに情報通信ネットワークの中を自由に流れることには明らかに利点があるが、そのプロセスにおいて、大部分の情報は消されたり、無視されたりするのである。

いわゆる「監視社会」についての著作で私は、「消えつつある身体」という章を設け、ヘイルズと同様に現代ではコミュニケーションが減っていると論じた。(原注62)言い換えると、コミュニケーションにとって身体が余分であるかのような世界に変わりつつあるように見えるのだ。情報が、それを発した人間から自立することが可能であり、しばしば実際にそうなっている。しかしながら、何らかの目的でその二つを区別するとしても、ヘイルズなどが強調するように、身体と情報とは究極的には分離し得ない。なぜか？　身体および身体についての情報を含んだコミュニケーション自体が、「身体的人間」を定義付けている部分があるからである。世界内における私という身体的存在と、私の社会的・経済的な生活・機会とは、「私について」のデータに実際には依存している。プレーグの言葉を借りれば、バイオメトリクスはこれを身体に書き記すことに貢献しているのである。[原注63]

監視システムは、失われつつある身体を、組織や機関、権力にとって可視的にするという形で「取り戻す」ことに貢献するのではないかと言う人もあるかもしれない。[原注64]いかに国家が国民を「見る」のかに貢献する、というわけである。[原注65]確かに現在の監視システムはある意味で、人間身体とそれに由来するデータとを（例えば価値の高い消費者として、テロ容疑者として、ローン破綻者として、自由に飛行できる者として、等々）再結合している面がある。この監視に溢れた社会では、「不可視」でいることや、匿名でいることが、徐々に困難になりつつある。監視プロセスはかくして、ハガティーやエリクソンの言う「消失の消失」に貢献している。[原注66]バイオメトリクスはこのプロセスをさらに押し進め、「私たちが誰なのか」を監視に対して可視的にする。しかも最も根本的な水準でそうするため、もたらされる影響も甚大である。

話はここで終わらない。こうした身体データは範囲が極めて限られているため、「物理的な」身体から抽出されたアイテムにのみ対応しており、身体（およびその瞬間に言及されたもの）を定義付ける基準によって身体が構築されるあり方については無視するのだ。監視はある意味で身体を「再出現」させるが、これは単にデータと同一化された限りにおいての身体なのである。機械によって処理されたデータの断片によって作られた身体なのであり、合理化された身体、還元された身体だと、ポール・リクールなら言うだろう。[原注67]こうした身体アイデンティティは、「サンプル」に基づいた分類や評価を可能にするが、精査されている当該人物の声を、彼または彼女の語るであろう物語の形で、聞く可能性は疎外するのだ。身体を構成するのにこうした「物語」は不可欠な部分であるかもしれないのに。

リクールに従うと、彼が「自己証明身体」と呼ぶ、アイデンティティへのもう一つの通路がある。(原注68) 他の身体との同一性や差異でしかないバイオメトリクスとは対照的に、自己証明身体は「大文字の他者」に対して開かれている。(原注69) 自己証明身体は、バイオメトリクスが扱うような抽象的な身体データだけでなく、物語によって作られるものだと理解される。このことは私たちを、序章冒頭のエピグラフで触れたバウマンの懸念(アイデンティティが他者によって構築されるリスク)へと立ち返らせる。アイデンティティのこの二つの異なった概念をつなぐコミュニケーションの通路が、開かれていることが必要である。身元特定プロセスにおいてバイオメトリクスが役割を果しているとしても、この視点からはその不適切性が強調される。自己証明の側にも何らかの懸念が伴うとしても。

なぜこれがかくも重要であるのか？　バイオメトリクスによる身元証明の欠点として、技術が「作動」しない可能性や、意図せずに特定の集団が有利になるような偏向が起きるおそれがある。さらに、「身体」について、身体と情報とを独立した存在と捉え、抽象的なデータが、例えば人々の語りによる身体の定義(リクールの言う「自己証明身体」)の代理になると前提しているからだ。現在のバイオメトリクス・システムが「証明」しようとしているのは、少なくとも最初の段階から、脆弱な立場の人々や周縁化された集団(テロ容疑者、福祉受給者、反抗する可能性のある人など)の身元なのである。こうした抽象的なデータに頼ることには、不正義に陥るリスクがある。

バイオメトリクスを超えて?

身体に関わる章の中で、バイオメトリクスとも多少は関連する二つの緊急の話題について触れておくのも有益だろう。おそらく今後、この二つの話題についての議論が広がりを見せると思う。一つは、身元特定のためのDNA利用であり、もう一つは、リアルタイムで身元を追跡するためのRFIDの埋め込みである。現在世界最大のDNAデータバンクを有しているのは英国で(一九九五年設立)、主として犯罪捜査に利用されている。血液、体液、髪、組織などから検出されたDNAを利用して、犯人、犯罪、被害者をつなげる技術が広まった。また、二〇〇五年、米国の食品医薬品局(FDA)は人間へのRFIDの埋め込みを限定的な理由で許可し、この技術についても疑問が提起されている。もしもバイオメトリクスがRFIDチップと共に利用されることになったら、バイオメトリクスに単なる利用を超えた問題が発生するだろう。

英国のDNAデータバンクは、人口の五・二%のデータを収集した(ちなみに米国では同様のデータベースのカバー率は〇・五%に過ぎない)。強姦や殺人といった重大犯罪への対処を目的として一九九五年に設立したものだが、二〇〇〇年から二〇〇五年にかけて、ほぼすべての犯罪者を対象とするように範囲を広げた。(原注70) それだけにとどまらない。無実となった人を含めて起訴された人々、犯罪の目撃者などのボランティアまで対象に含んでいる。つまり、無実の個人についてのデータも収録されているのである。それに加えて、他の監視テクノロジーと同じように、ある種の整序(順序付け)が行われていることが明らかとなった。さらに差別的な警戒も加え、ある特定の集団が他よりもよりこのデータバンクに収められやすいという結果になっている。黒人男性は四〇％近くが収められているのに大使、白人男性は九％、アジア系男性は一三％だ。（原注71）

ＤＮＡの利用については、他の文脈でも同様の不平等が再び現れている。健康サービス業、とりわけ医療保険会社は、将来のヘルスケアのニーズを予測するのにますます遺伝的データに依存し、このことに経営者たちが多大な関心を寄せている。病気の発症が事前に知られれば、その当人にとっては間違いなく不利だろう。これは、一九九七年の映画『ガタカ』で描かれていた物語と近い。ガタカの世界では、遺伝子に問題のある人々は下層階級とされ、「ふさわしい」遺伝子をもった特権階級に支配される。もしもＤＮＡを国民ＩＤの枠組みに取り入れることが真剣に提案されたら（かつて分子生物学者のリロイ・フッドは、「全ゲノムと医療履歴がいつの日がクレジットカードに載るだろう」と予言した）、一体どの市民が安心できるのかといった種類の問題を呼び起こす。

また、数年前にはＳＦの世界だったＲＦＩＤチップの人体への埋め込みが、個人識別の手段として一般的に利用可能となっている。米粒ほどの、耐久性のあるチップが、それを埋め込んだ人の「身元、身体的特徴、健康状態、国籍、機密事項取扱許可」などの情報を保持もしくは呼出しできる。（原注73）米国の食品医薬品局が現在認めているのは医療目的だけだが、セキュリティのために使っているメキシコや、バハビーチクラブで顧客が自発的にクレジット決裁のために使っているスペインの事例を考えると、ＲＦＩＤ埋め込みの用途は今後広がって行くだろう。

国民ＩＤで提起したのと同様の倫理的、社会的、政治的な問題が、ＲＦＩＤ埋め込みの場合にも予防的に現れる。ＲＦＩＤの医療利用は「インフォームド・コンセント」を伴うだろうか？　志願者、例えば移民労働者に埋め込むといった場合、それはどの程度自発的なのか？　プライバシーを侵害するような追跡を避けることができるのか？　データを暗号化しなければ、セキュリティは保たれないだろう。他の身元特定システムと同じように、忍び寄るリスクは膨大である。さらに、こうした機器を人体に埋め込むことは、ＩＤの問題にとどまらず、身体の統一性という問題も呼び起こす。実際、バイオメトリクスによって身体の統一性は危うくなっているのだが、ＲＦＩＤ埋め込みはそれをさらに一歩進めることになるだろう。（原注74）

結論

バイオメトリクスによる身元特定は、「それは機能するのか」という基本的な問いに始まり、「公正な結果をもたらすのか」「データによって定義された身体はどんな文化的な意味を持つのか」といったものまで、様々なレベルで疑問を提起する。ひとつふたつの水準の問いでは、最も喫緊の問題群を適切に解決することはできないだろう。さて、最初の問いに関して、独立した形で研究することは難しい。バイオメトリクスを生産し販売するテクノロジー企業が、政府の政策遂行プロセスにまで深く関与しているからだ。同様に、第二の問いについても、「バイオメトリクスのシステムは、白人特権階級を基準にしているのではないか」といった根本的な問題に対して、重要な場で問われたことがないのだ。もちろんこうしたプロセスは国ごとに違ってはいるだろうが、データで定義された身体が扱われる別の国にも影響を与えるのである。もし今日のバイオメトリクスが「人種的に」不平等なものであるならば（これについてはさらなる研究が必要である）、この産業にとって、そしてバイオメトリクスに触れる一般の市民や消費者にとっても、倫理的のみならず存在論的にも重大な帰結をもたらすことになる。

バイオメトリクスは今日、国境で人の移動をチェックするのに使われているだけではない。一般的な意味での身元特定に影響を与え、「アイデンティティによる統治」へと向かわせている。人の移動だけでなく、例えば商取引にも影響がある。バイオメトリクスによる機能の拡大や、プライバシー侵害、データの濫用といった、これまでも論じられてきた重大な問題についても議論が必要だが、価値のある研究や政策も進められている。(原注75) 関連ある活動はそこだけにとどまらない。例えば増えつつあるバイオメトリクスを使ったデータ・マイニングやプロファイリングによる社会的烙印《スティグマ》といった問題にもつながっている。本章の冒頭に掲げたプレーグの言葉を使えば、「身体は、長期に渡る社会的・政治的不平等によって形成されたアイデンティティを刻み込まれるだろう」。この議論は決定的に、市民の自由や人権、社会的公正といった領域へと入っていく。

ひるがえってこうした問題群は、「市民と国家の間の信頼」という、伝統的（かつ価値ある）用語法の中で解釈されるのかもしれない。しかし同時に国際的、グローバルな問題もある。というのも、例えば「空の中のサーバー」のように、国際的な相互運用を可能にする標準化が求められているからだ。こうした問題はすべて、デジタル時代において「人間というもの」をいかに定義するかという、さらに大きな問題とつながっている。もし「情報化された身体」が、旧来の解剖学的 - 物理的な身体を超える方法で人間を定義し、「自己証明身体」の物語を無視するものであるなら、身体データを単なる「非物質的な」情報であるとする前提に対して注意を払うだけではなく、いつ、どのように、どんな条件のもとで身元特定が許容可能であるのかについての真剣で高度な議論が必要なのだ。残念なことだが、こうした議論を現在牛耳っているのは、企業家や政治家、自称専門家たちである。

このことは、「普通の市民」にとって国民IDがどのような意味を持つのかという問題に私たちを引き戻す。国民IDが最も影響を与えるのは企業家や政治家ではない。バイオメトリクスによる身元特定は、新たなID追求の一つの次元に過ぎない。これまでたどって来たように、このことは歴史的な背景を有しており、常に社会的整序と結びついてきた。新たなIDへと社会を駆り立てているのは、「国家」だけではなく、グローバル規模で展開するテクノロジー企業であり、プロトコルである。国民IDが市民を特定するものであるならば、そうした市民にとってどんな意味を持つのか？　こうした政治経済やテクノロジーは、新たなID機能を付加するだけなのか、それとも新種の市民権（サイバー市民）に貢献するのだろうか？　そして市民たちは、市民の身元特定様式に関わる決定に対して、声を上げるのだろうか？

第6章　サイバー市民

あなたとともに暮らす異人を、同郷人として扱いなさい。あなた自身と同じように彼を愛しなさい。

あなたもエジプトでは異人なのだから

レビ記一九：三四

ほとんどの人にとって市民権は大切だが、それが脅かされるまではその価値を十分には理解できないものだ。一九九一年にスロベニアが独立した際、生来のスロベニア人には自動的に市民権が与えられたが、それ以外の民族の人たちは申請するのに六ヶ月間待たされた。旧ユーゴスラビアの他の共和国で生まれた一七万一〇〇〇人が市民権を与えられる一方、一万八三〇五人には与えられず、彼らの名前はひそかに登録簿から消された。ＩＤ書類を目の前で破られた人もいた。公共サービスから排除され、職業にも就けず、住居も得られず、彼らはようやく自分たちが市民権を失ったことに気づき、自分たちの苦境を知らしめるために組織を作り始めた。彼らは自分たちを「消された者」と呼ぶ。スロベニアの裁判所は、一九九九年から二〇〇三年にかけて、こうした「登録抹消」を違法なものとする判決を下したが、認知を求める彼らの戦いはまだ続いており、依然無視されている者も多い。(原注1)

ここまで本書ではＩＤカードシステムの発展や意味について追究してきたが、本章では市民権の問題を、そして市民権の「親しい従兄弟」とも言うべき民主主義の問題を、直接に取り扱う。西欧や北米ではおおむね二〇世紀半ばに、市民権というお馴染みの概念が成立してきたが、以後にグローバルな液状性が高まるなかで、市民権は現在揺らいでいる。ビジネスや観光ではなく保護を求めて国境を超える人たちの存在が、あるいは、社会の中で何らかの不利益や剝奪を受けている住民の存在が、いったい誰を包摂し、誰をどのような理由で排除すべきなのか、という問題を提起している。

　国民ＩＤ書類の著しい特徴は、人によって受け取り方が全く違ってくるということだ。スロベニアのケースのように、一方においては、ＩＤが市民権と結びつき、各種の権利や資格につながる。例えばハンガリーやパレスチナ、ケベックなどにおける、民族意識を強化したい集団は、ＩＤカードを歓迎するだろう。パレスチナにおいては、コンピュータ化されたＩＤを持っていることが、イスラエル領土内で労働を行う条件であり、失業し貧窮している人々はカードを求める(原注2)。カードが実際に発行されているかどうかとは別に、南米、アジア、アフリカの貧しい国においては、「身元登録」が人権とみなされるべきだと、サイモン・シュレーターは主張する。市民の政治的権利にとっても、経済発展にとっても、個人の実在を公的に認めることが重要というのが彼の持論である(原注3)。

　他方、ＩＤカードシステムが、ある特定の集団に制限（あるいは禁止）を加えることで、排除の手段として使われる場合もあろう。既に前章までで論じたように、ＩＤシステムが不公平や差別、虐待や、ひどい場合には大量虐殺にまで利用された例がある。より「自由で民主的」な政体においても、新たなＩＤカードの利用が、市民権を単なる「アイデンティティ・マネジメント」(原注4)へと縮減し、いわゆる「テロとの戦い」で起きたように、「友と敵」との峻別を引き起こしかねない。ベンジャミン・ミュラーは「アイデンティティ・マネジメントは、あなたのアイデンティティや出自よりも、適格な身体からそうでない身体を差別することに関心を持っている」と述べる(原注5)。肯定的にせよ否定的にせよ、

IDカードシステムは市民権の重要性（有無を問わず）を指し示している。

例えば米国のリアルIDシステムのような特定のシステムも、やはり複数の見方ができる。九・一一テロが、事実上のIDである運転免許の拡張として、リアルIDを促進したのは明白だ。米国土安全保障省は、このカードの公的な用途を、民間航空への搭乗、連邦ビルもしくは原発への出入りなどに限定している。同省では、州の運転免許記録を利用して個人情報の更新を改善することで、テロ活動の発見に役立つと信じているのだ。まさに、誰が友で誰が敵かを知るために、IDシステムを用いているのである。

リアルIDシステムを指令した二〇〇五年の法律は、難民をはじめ移民受け入れの基準を厳しくしたことで、特に右翼のヘリテージ財団や、多数の「反移民グループ」に支持された。移民の市民権獲得はより困難になる。ただ、この法律には反対論も多く、その中身も多様である。自由な移動が制限される、政府の権力が増す、なりすましが増えて安全が脅かされる、難民の人身保護ができなくなる、合法な入国者に対しても国境を閉ざすおそれがある、といった主張が挙げられる。

同時にリアルIDシステムは、いわゆる「情報革命」の論理的な延長でもある。特に、ケリー・ゲイツが示すように、これには三つの次元がある。(原注6) 第一に、市民や消費者と距離を置きつつある官僚組織の中で「信頼のあかし」(原注7)を求める声があること。第二に、個人情報が含まれる公的および私的な情報ネットワークにおいて、アクセス・コントロールの必要性が高まっていること。第三に、市民の権利や責任へのアクセスにとって、身元が特定されていることがますます重要になってきたこと。こうしたアプローチは、政府のオンラインサービスが成長する長期のトレンドの中に、リアルIDを位置づけようとしている。

身元特定、監視、民主主義、そして市民権は、国民IDシステムの中心問題である。国民登録における電子的記録（電子化が監視能力を高めてきた）の重要性に鑑み、こうしたシステムを「サイバー市民権」のテストケースと考えても無理はあるまい。これは、特に九・一一テロ以降に国家の安全やテロ対策に利用されてきた、ネットワーク化されたコンピュータ・データベースに依存するあらゆる新たなIDシステムにあてはまる。テロ対策の中で、西側の自由民主主義が当然と考えてきた価値が、危機に晒されていると指摘する批評家は多い。移動の監視、隣人偵察の奨励、裁判抜きの判決が黙認され、さらに、国民の特定のために大量の個人データが処理されている。身元特定と国家公安との関係を重視していないシステムであっても、民主主義と市民権についての疑問を投げかける。まさにガバナンスの根幹、国民国家の成員は誰かという問題に関わるからだ。

もちろん、本章で扱う「サイバー市民」概念は多義的である。電子民主主義や市民参加の新たな機会への熱狂から、グーグルマップを基にした多人数参加型のオンライン・シミュレーション・ゲームまで、多様な意味を持ち得る。しかしながら、身元特定システムと監視という文脈においては、サイバー市民は政府が国民を登録し干渉するような、情報テクノロジーを基礎とする産物であると考えられるだろう。一方において、これは正確性と効率性の向上をもたらし、政府の部局や情報へ市民がアクセスしやすくなる。これは電子政府の理想だろう。他方、サイバー市民権は「サイバネティクス」の元々の意味の政治的拡張、すなわち、フィードバック・ループを通じた支配とも考えられる。表面的にはごまかしても、実際にはステレオタイプや累積的不平等などが強化されるだろう。フィードバ

ック・ループを通じた支配の目的は、民主主義的な理解や参加とは相容れないからだ。(原注8)

新たな国民IDシステムとその代用品（例えば「改良型運転免許」）は、直接には市民権と、間接には民主主義と、結びついている。しかし、こうしたシステムを、市民権や民主主義の観点からどのように評価したらよいのだろうか？　効率か平等かというのはゼロサムゲームではないのだから、極端な立場からの評価は不適切だ。社会的な有利や不利が、効率的もしくは非効率的に、再生産されるか、である。また、政府情報へのアクセスも、オープンになるか、戦略的に運営されるか、効率よくシャットダウンされるか、である。また、既に大規模な国民IDシステムを導入した国の研究を、他国にそのままあてはめることもできない。例えば、日本は住民登録では進んでいるが、カードの普及は遅れており、マレーシアでは、多目的カードの技術が高度に発達しているが、用途は限定されている。最先端のシステムが「離陸」した国はまだほとんどない。

その中である種の評価が得られそうな方法は、現在出現しつつあるシステムを、歴史的な文脈の中に置き、比較研究することだ。本章は四つの問題を扱う。最初は歴史的な問題である。第一に、近代において市民権はどのように理解されてきたのだろうか？　それを知ることで、新たな身元特定がどのように市民権に影響するのか、その良し悪しを理解するのに役立つだろう。第二に、新たな身元特定システムによって、どのような形の統治が行われるのか、それらは市民権について何を言うのか？　言い換えると、新たなIDによってどのような市民がつくり出されるのか？　第三に、新たなIDシステムによって、どのような種類の身元特定および社会的整序が可能になるのか？　第四に、新たなIDシステムを通した分類や管理に対して、普通の市民はいかにして異議申し立てができるのか？

緊張の中の近代市民権

民主主義社会において、市民権にコミットするとは、以下のようなことだろう。恣意的なルールの被害をあまり受けることなく、市民がいつでも自らの要求を訴えることができ、集会する権利や投票権を持ち、事務所を経営する機会を有し、政府は市民に対して説明責任を負う。リベラルな政体と比べると顕著ではないが、市民が政治的判断を下すことが前提となっている。つまり市民権は、市民が義務と並んで権利を有するということである。しかし、法の前の平等や、投票は一人一票といった公正さは、いかにして確保されるだろうか？

その答えは、近代の市民権が前提としている身元特定の出現である。徴税、徴兵、投票、資格付与などのための名簿が作られる。これは古代文明よりも、「つぎはぎ」的な色彩が強いかもしれない。古代のアテネの文明以来、市民権は「都市国家」と結びつけられてきた。西洋の市民権概念は、都市の住民であるという位置と結びついているのである。フランス語の citoyen やスペイン語の ciudadano の場合も、自立した都市で享受できる資格や保護のあり方をまとめたものなのである。エンジン・イシンが表現しているように、「都市は各集団が自らのアイデンティティの定義をめぐって争う戦場であった。主張をぶつけ合い、市民の権利や義務や原則を語ったのだった……」。(原注9)

西洋の市民権の成長は、個人や、普遍的な社会成員、社会変化として理解される歴史に独特の価値を置く「アブラハム（ユダヤ人の始祖）的な忠誠」に依存している。(原注10) 本章のエピグラフは、旧約聖書レビ記から引用したものだが、ヘブライ（ユダヤ）人たちに、異人を大切にすべきということを思い起こさせている。ヘブライ人たちもまた、エジプトでは価値のある一時的逗留者（この場合には奴隷）であったのだから。レビ記のこの部分は、もはや古典的な表現となっている。(原注11) ヨーロッパ都市国家においてローマ法は、さらに世俗的な次元を付加し、ナショナリズムが宗教的な象徴や連帯に取って代わったところで、市民権が世俗的な連帯となった。

市民権はこの二百年間で、国民国家の範囲にまで拡大した。これが近代において市民権を理解する主要な文脈と言える。かくして「国家的市民権」が始まりを告げた。今ではもはやあまり顧みられないが、しばしばT・H・マーシャルの「市民権の社会学」と関連づけられていた「福祉国家モデル」は、国民国家の枠内で市民にあらゆる権利を付与するものである。病気や事故、失業といった人生の荒波に抗して、市民権によって労働者に最低限の保護を保障しようという考え方だ。国家が国民にこれほど関与するという考え方は、それ以前の市民の権利保障（コモンローや人身保護礼状、陪審制度）および議会における政治的権利やその拡張から、発展してきたものである。

ジェンダーや人種、民族などに関して、アイデンティティの急激な変化が問題となり、マーシャルの教義の一部も批判を受けて来た。(原注12) 人種やジェンダーの問題だけではない。国家行政による医療や福祉のシステムが成長し、二〇世紀の官僚制は極度に肥大した。一九七〇年代に既に、福祉国家が真になすべき仕事が抑圧されているのではないかとの問いが投げかけられていた。一九八〇年代、コンピュータ技術を導入することで、完全な破綻は（少なくとも一時的には）回避できた。コンピュータは様々な意味を持った。ある種のサービスの合理化を手助けし、利益をもたらした。しかし同時に、国民の一部に対する監視をとりわけシステム化することで、既にあった官吏と民衆との間の懸隔をしばしばさらに拡大することにつながった。(原注13)

新たなIDシステムを、行政の発展および官僚制プロセスのテクノロジーによる高度化という文脈に置くと、それが市民権や民主主義という観点からは、少なくとも両義的であると言い得る。国家の福祉制度は、官僚制の重みに耐えかねて軋み始めている。この問題の解決に、監視の拡大が関わっている。国家の安全を旗印に、国民IDカードシステムを含め、監視の拡大が加速しているのだ。この点からすると、現代の組織において急速に、監視が支配的な原則になりつつある中、監視が一般化する重大な瞬間として、IDシステムの問題を見ることができる。統治様式における大変化の一コマなのだろうか?

こうした新たな市民権モデルが、官僚的‐技術的なモデルよりも、人に厳しいとする意見がある。その起源や結果を考えたら、民主主義的な心性の市民たちは、心穏やかではいられないだろう。これまでも論じたように、新たなIDシステムの起源は、植民地支配、犯罪管理、戦時状況などにあり、例外状態における必要性から生まれている。だからこそ、IDカードシステムについて、緊急の政治的な熟考や判断が必要とされるのだ。

今日の監視システムは、身元特定が基本要素となっていることに加えて、異なった人々に対して異なった扱いをするという、カテゴリー分けを目的としているのが顕著な特徴である。このことは、第2章で挙げた、英国における運転免許証や、「信頼度」、住宅手当を受けられるかどうかの評価、「リスク度」に基づくカテゴリーなどで例証される。日常生活を営む「普通の市民」のうちどのくらいが、これを理解しているのだろうか？　それだけではなく、バイオメトリクスを使って分類が行われることもある。これは身体データを「個人の物語」よりも優先し、特に福祉に依存している人々や、避難を求めている人々に対しては、バイオメトリクスの方が手段として優れているとさえ語られることが多い。

現代の様々な状況を比較して考えると、グローバル化のプロセスが、市民権やアイデンティティ、身元特定についてのいくつもの新たな問題に焦点を当てることを助長してきたのは明白である。こうした問題への対策までもが、グローバル化の一環をなしている。国民国家の成員についての議論が急速に変化する中で、ジェラード・デランティは、市民権はもはや国籍や国民国家だけによっては定義されないと結論づける。市民権自体が急速に脱‐領土化し、権利や参加、責任やアイデンティティなどの論議へと断片化しているのである(原注14)。同様に、市民権は、社会的な平等の追求にのみ関わるものではもはやない（戦後においてはこのような論調が支配的であった）。そうではなく市民権は、集団間の差異を認めさせる要求や、文化的なアイデンティティをめぐる戦場ともなったのだ。IDシステムをめぐる現今の議論からも、このことは明らかであろう。

身元特定、市民権、民主主義という三者の関係は、もっと綿密な形で追求するだけの価値がある。普遍的なIDへの要求は、歴史的に周縁化され不利を負わされてきた特定集団の「おそれ」を、覆い隠すものかもしれない。結局、歴史家のヴァレンティン・グレーブナーが正しく指摘するように、「排除され、身元を与えられて来なかった人々の立場は、身元特定の歴史の中で永久に明らかである。排除された人々の存在が、実際には身元特定を形作っている……(原注15)」。技術的なトレンド（これは技術をサポート・推進する企業側のトレンドとも切り離せない）は既に、新たな「保険数理主義」へと向かう傾向を見せているだけでなく、社会的整序《ソート》を促進するような「新たな予防原則」など、民主主義的な観点からすると問題の多いプロセスが露わになっている。特に九・一一テロ事件以降に強化された「安全な国家」という文脈の中で、ＩＤシステムの構築に政治的・政策的な優先順位が置かれるようになった。

グローバル化、消費主義、市民権

新たなＩＤが一般に、クレジットカードのフォーマットから出現しているのは偶然ではない。新たなＩＤは、商取引に加え、「アイデンティティ・マネジメント」の機会を提供する目的を持っている。ＩＤは、それをつくり出した世界の反映であり、世界によって作られたものだ。人々は急速に、同様の形態を備えたカードを携行することに慣れて始めている。クレジットカード、運転免許証、会員カードなどはみな、バーコードや通し番号を持ち、名前、日付、時には写真その他の証明装置を有している。新たなＩＤは、安全、資格付与、旅行、取引などを目的とする。マレーシアのマイカドのように、商取引が可能なものもあれば、そうした用途は今後に付加される予定のプラットフォームもある。これらはみなアイデンティティ・マネジメントの範疇に入り、インターネットにアクセス可能かどうかを基準に線上に位置づけることができる。

しかしながら、新たなＩＤシステムが、新たな種類の市民を生み出している、もしくは少なくとも、新たな種類の市民権を永続化・再生産していると考えることもできるかもしれない。新たな国民IDカードシステムは、国家による市民権概念が相当の批判を受けている時期に登場した。市民権概念はもちろん、常に論争の対象となってきたが、新たなIDは、旧来の市民権についての見方を脅かすような、今日の世界の重要な次元を反映している。市民権よりも「消費者としての姿」の方が社会生活として顕著になり、同時に、移民の増加が国民国家を越えた政治的なメンバーシップという問題を提起する中で、国家による市民権というカテゴリーに疑問符が付されていることを、多くの人が実感しているだろう。新たなIDカードは、消費やグローバル化が強調される世界を反映しているのであり、市民権について新鮮な思考を喚起するのだ。

新たなIDが、消費者やグローバル化の状況を反映するあり方はいくつかある。多くの政府が（欧州や北米の強力なロビー活動は言うに及ばず）、IDカードシステムについて、ある程度の相互運用を認めている。欧州では、新たなIDカードは既に、地理的に離れた国でも機械で読めるようになっている。こうしたカードは、国籍と関係してはいるが、それを超越してもいる。新たなIDは、能動的な市民権を消費者行動に置き換えてしまうことや、グローバル化による国民意識の断片化について、問題提起をすると論ずることもできよう。もしそうであるなら、そしてこれが市民権の生存確率や民主主義的参加の見込みにとってどのくらい積極的に評価できるかについて疑いを抱かせるなら、責任ある参加型市民権や、コスモポリタニズムに貢献する形でIDを使うことができるかどうかを考えるのもよいだろう。

市民権についてのこの二次元の議論は、ジグムント・バウマンの著作の中に見える。バウマンは、市場で消費者が持つ一次元的自由によって、能動的な市民権が侵食されていると、現下の世界を描いている。消費者の自由に関連づけて自由を再定義することで、政府は、貧困者など消費しない人々を、多数を占める消費者から分離し、制限された場所へと囲い込む。同時に、グローバル資本主義は進展し、国民国家がかつて押しつけてきたルールや規制を超越している。こうしたグローバル資本主義は全ての人に影響を与えるだろうが、その将来は予想できない。ただ消費者は移動の自由を享受し、貧者たちはその居所に閉じ込められることになるだろう。(原注16)

市民権から消費者へのシフトに関してバウマンは、政治権力が「街路や市場から、集会所や議会から、……市民がコントロールできる範囲を越えて、脱領土化した電子ネットワークへと移る」(原注17)としている。これはIDカードシステムについてもあてはまるだろう。このシフトは、IDカードについて「身元特定」よりも「アイデンティティ」に絡めて議論することを許し、誰が包摂され誰が排除されるかについて曖昧にすることを助長している。かつて英国首相のトニー・ブレアは、「市民権および帰属感」はIDによって養われると語ったことがある。おそらくブレアが念頭に置いていたのは、人権を否定され、英国でやっと市民権を与えられた人々のことだろう。しかしこの発言は、コインの裏面を無視している。市民権は確かに人々を包摂もするけれど、他方で「テロリスト」その他のトラブルメーカーを「異人」あるいはバウマンの言う「大文字の他者」として、排除するのだ。(原注18)

福祉国家を唱えた社会学者のT・H・マーシャルは、市民権を包摂モデルで捉えている。バウマンの著作にもそこに共鳴する点があり、「責任」が重要な民主政治の可能性も語られる。だが同時にバウマンは、個人主義の圧力の下で社会的紐帯が弱体化していることにも触れ、市民権のある種の意味ある様式が、共同体や、公益、私益についての感覚を回復させる唯一の方法であるとする。(原注19) こうした市民権が、新たなＩＤカードシステムで表現可能か（あるいは、シンボルとなるか）どうか。新たなＩＤカードシステムは、アクセスの管理や、商取引の認証や、正当にビジネスを行う権利があるのかどうかのチェックといった所に、主目的があるようだから。

実際、新たなＩＤが、市民権の側面からの「連帯」や民主的参加に大きな貢献をするのかどうか、見通すのは困難である。英国のケースでは、新たなＩＤは、冷静な議論に一般市民をも巻き込もうとする努力があったにもかかわらず拙速に導入され（例えばＬＳＥ＝ロンドン経済大学によるＩＤカードについての報告書は、人身攻撃や非難として扱われた）、このシステムの民主的参加に関する「悪い未来」を伺わせた。新たなＩＤシステムは、デイヴィッド・ガーランドが「管理の文化」（新自由主義、反福祉政策という文脈の中で、技術的な手段を用いて社会を組織化する）と呼ぶものと、より多くの共通性を持っているようだ。こうした外観は、「連帯的というよりは「排除的」であって、社会契約というより社会管理に近く、普遍的市民権による公共的な自由よりは、市場における私的自由の方に適合している」。(原注20)

ここでしばらく、包摂と排除の問題に立ち返ろう。新たなＩＤが導入されるより広い文脈や意味について立ち止まって考えるだけではなく、新たなＩＤ自体の可能性について考えたい。新たな電子ＩＤが、市民権の経験やプロセスに与える影響のあり方は、少なくとも二つの道筋がありそうだ。

一つは、多目的ＩＤが公共サービスだけでなく商取引にも使われる（それが慎重に意図されたものであれ予期せぬものであれ）というものだ。ＩＤが複数のセクターの産物であるという事実ともこれは適合している。こうした「カード・カルテル」には政府部局とテクノロジー企業を含んでいるが、さらにインフラを構築するという点で「標準」や「プロトコル」自体も、新たなＩＤシステムの生成に関わっている。身元特定による統治は、政府や犯罪管理だけでなく幅広い制度に関わり、こうした新たなＩＤによって象徴化され、作動する。何人かの政治理論家が予見していたような、法律や行政ルールと並んで企業や技術によって人々が支配される政治が、現実に可能となるのだ。

第二に、もし新たなＩＤが、それまでは制度的に分かれていた領域を普遍的に統治できるようにするとしたら、これは新たな領域の出現を促進すると言える。市民権の印としてのＩＤカードおよび書類が、国境で使われるだけでなく、都市を含めて「あらゆる場所が国境だ」とする考えを推進する。これは、旧来の市民権とも共通点はあるが、同じではない。ＩＤカードで悪影響を受ける多数の人々にとって、問題は物理的な国境ではなく都市領域であろう。これはプラスの影響を受ける人にもあてはまる。例えば中国では、都市住民は農村の住民と比べると特権階級だが、ＩＤカードが都市住民の印として使われている。他の国々、特に「北」の先進国では、移民労働者を代表として、出自がはっきりせず忠誠心も定かでない人々が都市住民のかなりの割合を占めている。新たなＩＤの導入で、「どこでも国境」という感覚はさらに強められるだろう。多目的ＩＤならなおさらである。私たちは、新たなＩＤと社会的整序や、（大文字の）「他者性」とがいかに関係しているのかという問題に導かれて行く。

市民権、社会的整序、大文字の他者

問われるべき第三の問題は以下だ。新たなIDシステムによって、どのような種類の身元特定や社会的整序が可能となるのか？　とりわけ、新たなIDシステムで、大文字の他者はどう定義され、どのように扱われるのか？　この問題はある意味で、既に本書で論じられてきたことを、別次元から捉えなおしたものである。植民地や、犯罪における「大文字の他者」をどう扱うかということから、近代における身元特定の旧形式のいくつかが生まれ、翻ってそれがさらに「大文字の他者」を生んだ。身元特定システムは、その本性上、整序システムであり、国民IDという枠組みは、まさに定義から、市民とそれ以外の他者とを分かつものなのである。IDシステムにおいてバイオメトリクスを使うことは、予期されない、しかししばしば不気味な「常連の容疑者」と類似する、「大文字の他者」の一群を作りだすのだ。彼らは実際にもメタファーにおいても、世界の周縁に追いやられている。

新たなIDシステムは、その社会的整序能力や、大文字の他者の扱いとも関係するいくつかの特徴を有している。さらに市民権とも強い関係を持っている。IDシステムの特徴を簡単に繰り返すと、以下の通りである。遠隔的であり、相互運用可能であり、カテゴリー的であり、身体的・行動的に複数のリスクをまとめる傾向にある。最後に、それらは排他的である。

まず身元特定は遠隔で行われる。デジタル化すると、顔つき合わせて行っていた身元確認の頻度が、デジタル化によって削減される。たとえ顔が老化しても、官僚制システムの場合と同じように、タイプ分け、カテゴリー分けに使うのは容易である。そして身元特定は、オフィスだけではなく、コンピユータシステムにおいても行えるようになった。移民労働者や難民の場合、これは国境から物理的に離れたチェックポイント等で行われる。新たなＩＤカードシステムは、国民国家の領土内でも、領土を超越した所でも、市民権に影響を与える。例えばディディエ・ビゴとエルスペス・ギルドは、遠隔で行われる警邏に焦点を当てている。(原注21) 彼らは欧州の現象を扱っているが、北米においても、国境管理との調和を目指す努力が行われている。

欧州においては、一九八〇年代に始まったシェンゲン協定によるビザ政策によって、各国はパスポートや旅行書類を発行しながらも、政府間での合意を行い、データベースやマニュアル、慣行、ビザなどを共通化してきた。いわゆる「管理のテクノロジー」が、国境以外に広がったのである。誰が国民であるのか、ないのかを決める場所が、国境から離れた土地となったのだ。ＥＵの国境事務所では、時には民間企業の警備員が書類をチェックしている。大使館や領事館でチェックを行う場合も、国境にいる入国志願者が好ましからざる行為をしないかどうか、これまでどのような医療を受けてきたか、将来はどうかといったことを、遠隔で判断する。保険数理的原則は、かつてないほど強まっている。

第二に、身元特定システムは（少なくとも意図の上では）、相互運用可能である。(原注22) 国民ＩＤカードシステムが必ずしも、特定の国民国家の領土内で孤立的に使われる必要がないということを（皮肉なことだが）思い起こすことは重要である。ＩＤシステムはますます、他国での相当するシステムや、他組織の身元特定システムと、関係を深めている。言い換えると、ＩＤシステムは国民国家を超えて、国際的かつ組織的に、統治を拡張しているのである。相互運用が行われると、その共通の標準やプロトコルを採用した全ての国に影響が及ぶ。身元特定による統治とは、直接に国家と関係のない組織であっても、身元特定という手法を使って統治に貢献することを意味する。

新たなＩＤが国際的に相互運用可能であるということは、何らかのコスモポリタン的なグローバリズムが、それに対応した市民権概念を形成しているということではない。むしろその逆で、国際的な水準でセキュリティを強化する（警備、国境管理、軍事諜報）道具になった、ということだ。いわゆる「安全への脅威」により効率的に対処でき、少なくとも理論上では有益だろう。しかし実際には、こうした相互運用システムは、バウマンの言う「グローバル」と「ローカル」の間で、差異や分割を再生産する結果に終わる。九・一一事件後の反動の中で作られた、「信頼のおける旅行者」と「テロリストの疑いがある者」という二分法にも重なる。（原注23）

第三に、新たなＩＤシステムがカテゴリー的ということは、もはや言挙げする必要もないだろう。英国のＩＤカードの場合、やはり九・一一事件が推進のきっかけとなっているが、政治的な推進キャンペーンに弾みをつけたのは「収容所での虐待」だった。デイヴィッド・ブランケット内相が、「誰がいるのか知りたい……法律を遵守して仕事をしているのか、法律に基づいたサービスが提供されているのか知りたいのだ」と発言し、ＩＤカードの導入を求めた。（原注24）この時に提案されていたのは、雇用や健康、教育において、法的な受益者の範囲が守られているかを確かめるための「資格カード」であった。収容所の場合、収容人数を減らすことに重点が置かれ、応募者たちがどのようなひどい状況（迫害や拷問）から逃れてきたのかという話は軽視された。

しかしながら、第四に、こうしたカテゴリーは容易に合成される。二〇世紀後半、少子高齢化が進んだ国の政府は、経済を成り立たせるために移民労働への依存を高め、同時に「移民を最小限にすべきだ」と主張する国内勢力を宥めなくてはならなかった。これに加えて九・一一テロ事件以降、国家の安全や国境警備への懸念が高まり、移民や難民といったカテゴリーが混乱するのも無理はなかった。(原注25)移民労働は経済成長に寄与するが、受け入れ国ではよく保健福祉システムのお荷物と見られた。特に日本では顕著で、完全な市民権を得られるのは純粋な日本人だけである。同様の状況は他の国でも見られる。

それと関連して、カナダの「メープルリーフカード」のような、仮の市民権も発展してきた。移民にある程度の権利と自由は認めるが、完全な市民権は認めないというものである。イシンとターナーが論じているように、こうした「仮の市民権」は、よりグローバルな次元を含んだ、市民権のより広い概念の可能性を考えさせる。(原注26)権利と義務とは互酬的な関係にあるから、市民権には領土のような地域に根ざした根拠が必要だとする人もいるかもしれない。しかし、「コスモポリタン市民権」というのは存在し得ないのだろうか？　市民権というものは、一つにはパスポートやIDカードで示されるような法律的なアイデンティティであり、同時に経済的・文化的な資本の分配や認知を決定づける社会的な地位でもある。世界がグローバル化する中で社会関係がかつてなく国境を超えて広がっている時に、一定程度の権利や責任は、より国際的に位置づけられるようになっている。

第五に、新たなIDシステムは身体や行動の跡に依存している。こうしたシステムの確証性については まだ議論が続いているが、バイオメトリクスが強調されていることで、既に周縁化されている人々の苦境をさらに悪化させるおそれがある。その理由はいくつもあるが、その一つに、「発言による証拠」が疑わしいとして軽視されていることがある。これも今に始まったことではないけれど、電子データベースへの依存によってさらに進んだ。議論の機会や裁量の余地も減ってしまった。(原注27) バイオメトリクス・システムの実績について問うだけでなく、個人をどのカテゴリーに入れるのかを決めるコードが身体やふるまいと関連していることを銘記していただきたい。つまり、ある個人がどのカテゴリーに入れられるのかという問題が、その人が日常で鋭く感じている闘争や物語から離れて、抽象化されてしまうということなのである。

同時に、バイオメトリクスやそれを支える情報システムは、国境を劇的な形で再定義する能力を持つ。イルマ・ヴァン・デア・プレーグが示唆するように、バイオメトリクスを利用すると、国境は「特定の集団の具体化されたアイデンティティの一部となり、相互接続したデータベースへのアクセスによって多くの地点で認証が可能となる」(原注28)。かくして各々のアイデンティティの間で居住可能性に差が生み出される。だからこそ、IDの研究は倫理や政治問題をより心にかけなくてはならないのだ。さらに、バイオメトリクスの標準が採用されると、身体がパスワードとなり、システムがRFIDや位置測定、ユビキタス・コンピューティング（あるいはAmI）のような、他の身元特定テクノロジーと結びつくかもしれない。(原注29)

第六に、これが最後だが、新IDシステムは排他的である。「アイデンティティ・マネジメント」という言葉は身元特定に対して中立的な印象を与えるが、実際には、特に国境では、まったくそうではない。アイデンティティ・マネジメントとは今では、国境を管理する当局の呪文《マントラ》に過ぎない。だが重要なのは、こうした戦略が、誰が国内外の合法的な旅行者かを決めるという目前の仕事からではなく、電子商取引時代のインターネット・セキュリティの領域に由来しているということだ。アイデンティティ・マネジメントは、公的および私的な文脈において、ハッカーや詐欺師からオンラインシステムを守るために利用されている。つまり、一般にビジネス上の理由から、一部の人にアクセスを許し他を拒否するための検索手段となっているのだ。人々の経済的な損失への恐れが、アイデンティティ・マネジメントを背後で動かす原動力となっている。こうした行為が、「誰がよき市民あるいはよき旅行者なのか」といった、単に技術的・商業的なところにとどまらない問題と共通性を持っていることについて、探究するのは価値がある。(原注30)

それを考慮すると、新たなIDは「監視パノプティコン」よりも「バノプティコン」とつながっているという、ディディエ・ビゴの結論に同意しないわけにいかない。(原注31)すべての人が場所を見出し、少なくともセーフティ・ネットになっている、権利を基にした市民権概念とは違って、あるいは、あらゆる人にまなざしを向ける「関係づけられたパノプティコン」とは違って、新たなIDは、例外人、すなわち、好ましくないとして排除・隔離されるべき人を、なるたけ早く効率的に、見つけ出す方向に機能している。このこと自体は昔からあったことだけれど、新たなIDシステムのグローバル次元と電子データベースによって、より効果的となっている。さらに、九・一一以後の多くの出来事が見過ごされる中で、無実の人々が被害を受けていることもあまり注目を引かなかった。特に米国では国家の安全(しばしば乱暴に個人の安全と等値された)への関心が、市民の自由やプライバシーへの懸念を押しつぶしていった。

国民IDシステムおよびその他のIDシステムと同時期に、そしてある程度はそれと関連する形で出現してきた「新たな様式の市民権」は、戦後の福祉国家が目指してきた、市民権の包摂的なモデルとは、相容れない部分がある。調べれば調べるほど、それがもつ排他的な性質が明らかになる。もちろん連続性もないことはない。かつての市民権にしても、外目は包摂的だが、ある特定の集団に対しては否定的に作用していた。だが新たな様式の市民権は、旧来の市民権が有していた、「共感や肯定」への自由裁量の可能性が剝奪されており、特定の集団に対しては否定的な注目しかできなくなっている。

　こうした集団は「大文字の他者」と考えられており、その存在は、完全な市民権を付与され、権利を享受している人々に対して、警告および限界を示すものとして作用している。大文字の他者の中には、バウマンの言う「欠陥のある消費者」(原注32)や、保護を求めて訪れた移民や、そしてもちろん現在の反テロおよび犯罪管理というレトリックの中で典型的な「悪者」とされる人々が、含まれている。こうした大文字の他者の範囲は、おそろしいことに、現在の身元特定体制の中で、入国や資格を決定するアルゴリズムを統計的にわずかに操作すれば、任意に拡張され得る。一つ例を取れば、「恐れ」が頻繁に語られることで、「テロとの戦い」は実際には「移民との戦い」になってしまっているのだ。

　新たな様式の市民権の持つ倫理的な問題点を真摯に検討すれば、大文字の他者に対する取り扱いは、単に市民権だけではなく、正義や人間性についての根本的な問題を提起していることが分かるだろう。エマニュエル・レヴィナスにしたがってバウマンは、人間状況の実存的な核の部分に、大文字の他者に対する倫理的な責任を置いた(原注33)。市民権の枠組みは、肌の色やジェンダー、宗教、民族、国籍などを理由として既に周縁化されている人々の生活に対して、特別のケアをするべきだと、読み解くことができる。国民ＩＤカードという枠組みは、差異を自動化し、遠隔から評価を行うことによって、既存の不利益や脆弱性を効果的に強固にするものだという結論に、抗するのは難しいのではないか。

IDと市民権の将来

最後、第四の問題は、「新たなIDシステムの発展に対して、いかにして普通の市民が影響を与えることができるか?」である。市民登録やID書類が健全な民主主義に対して持つ意味を過小評価したくはなかったので、ここまでの議論では、発展しつつある新たなIDシステムが、市民権に与える悪い影響に焦点を当ててきた。「国民ID」や「身元特定」が論争を生んでいるこの状況の責任は、新たなIDだけにあるのではない。ここで問題を転換して、新たなIDシステムの発展に対して、「限定の少ない」市民権がよい影響を与えられるかどうかを考えたい。

「これまで述べてきたような悪影響を避ける形で、IDの枠組みを発展させることができるのか」、という問題もここには含まれる。現在の潮流の方向を変えるために、何かできることはあるのだろうか。新たなIDシステムの発展に対して、組織化した反対運動はどんな影響を与えるのか。IDシステムの設計に、「参加型デザイン」を組み込むことはできるのか。最後の問題はとりわけ重要である。「参加型デザイン」という考え方は長く、一九七〇年代および八〇年代に労働組合が、生産過程への関与を求めたところにまでさかのぼる。テクノロジーシステムの評価、デザイン、発展に実務家、特に実際の(および潜在的な)利用者が加わることは、新たなIDを適切に形成するのに、理念的には適しているのではないだろうか。(原注34)

新たなＩＤ枠組みの導入が、組織的な意見や、知識ある反対派によって、挫かれたり、少なくとも減速した事例はいくつか存在する。(原注35) オーストラリアで提案されたアクセスカードは、二〇〇七年の苦い政治的な論争を経て、その年末に行われた総選挙で首相がジョン・ハワードからケヴィン・ラッドに代わると、棚上げとなった。フランスのＩＮＥＳ（国民電子ＩＤ）も、この枠組みに反対するグループの連合が、カードの詳細について疑問があり、新たなカードによって市民と国家との間の契約が損なわれるだろうとする報告書を発表すると、（この文章を書いている二〇〇九年初めの時点では）無期限に延期となった。(原注36)

日本では、住民基本台帳ネットワーク（住基ネット）が一九九九年に開通する前から、多くの自治体が熱心に反対運動を行った。二〇〇三年に住基カードの発行が始まったが、さらなる反対に遭い、二〇〇七年時点でこのカードを使っている人は一％にも満たない。(原注37) 同様に米国でも、多数の州が、リアルＩＤとデータを共有する仕様の要求を拒んでいる。聞き分けのない州に対して、連邦政府は「最後通牒」を形を変えて何度も出した（最近では二〇〇八年五月一一日）が、まだ何人もの州知事（アイダホ、メーン、モンタナ、ニュー・ハンプシャー、オクラホマ、サイスカロライナ、ワシントン）が、この法案への同調を拒んでおり、反対を表明している州は他にもある。この状態は今後しばらく続くことになるだろう。新しい政権の下でも、リアルＩＤが機能するかどうかは不明である。オバマ大統領は大統領選挙のあいだ、リアルＩＤについてほとんど何の言及もしなかった。(原注38)

派手さは欠いているが、ＩＤカードシステムをデザインする人たちの側から多数の提案が行われたことも、「民主的参加」の一環と言える。二〇〇六年、英国で政府が推進しようとしたＩＤカードシステムに対して、LSE（ロンドン・スクール・オブ・エコノミクス）が全体としてその欠陥を批判する報告書を発表したが、実際には、より安全で異論も少ないIDカードシステムについて、建設的な提案もいくつも行っている。カナダでは、匿名性を守り、個人が特定されないような形で、IDシステムを構築するための具体的な提案がなされている。[原注39] この両者は、「参加型デザイン」のプロセスが、より民主的だと説明できるようなIDカードシステムを作るのにいかに役立ち得るか（実際に役立つケースもあるだろう）を、説明している。

また、情報コミッショナーやプライバシー・コミッショナー、あるいは米国の電子プライバシー情報センター（EPIC）のような非政府組織の仕事も、過小評価してはいけない。[原注40] 欧州の各国では、議論の中心は国民IDカードシステムや、その構成要素としてのバイオメトリクスやRFIDなどだが、北米の場合には、議論は改良型運転免許証に向いている。カナダの場合、二〇〇八年にプライバシー・コミッショナーが政府に、「個人情報はカナダ国内に残すこと（海外に持ち出さないこと）」「RFIDのシステムが安全であることを確かめること」「米国土安全保障省の税関・国境警備局がカナダ人の個人情報をどのように扱っているのか独立して監督すること」の三つを要求する共同宣言を発した。[原注41] 政策レベルでのこうした堅実な仕事が活発に行われている。

さらに言えば、市民・消費者自身が、IDを要求する組織に対して、説明を求めなくてはならない。新たなIDシステムの台頭および、IDによる精査が一般化したことで、日常における政治の実践が（少なくともプラスチックのカードについては）とても可視的になった。しかしながら、より情報公開や説明が必要なのは、氷山のうち海面下に沈んでいる部分、つまり、表面からはよく見えないデータベース・ネットワークなのである。こうしたネットワークが今では民主政治に深く関与しており、そのようなものとして探究されなくてはならない。ＩＤシステムは、市民が統治されるあり方（自己規律を通じて、管理を通じて、など）を表し、市民をカテゴリー分け（例えば移民、異人、移民労働者、アボリジニー、など）することで、人々を市民へと形作って行く。

市民が情報を獲得し、ＩＤカードシステムに関する議論に関与していく方法はある。英国におけるＮＯ２ＩＤキャンペーンのように局所的なものもあれば、プライバシー・インターナショナルのように超国家的なものもある。様々な「市民の自由」集団もＩＤ問題を取り上げている。その中には、韓国の国民登録システムに鋭く反対している「参加型民主主義のための市民連合」のような国レベルの団体もあれば、カナダの「国際市民自由監視団」のような、様々な地域の市民グループおよび非政府組織の連合体もある。その多くがコリン・ベネットの著作『プライバシー保護』に紹介されている。(原注42) 同書には他にも、現在のＩＤの発展に疑問を持ち、その将来について代替案を提示する芸術家やウェブを基盤にするグループについても掲載されている。

ＩＤには職場のものや金融機関のもの、多領域のものなど様々な水準のものがあるが、こうしたＩＤへの問いかけは適切とはいえ、現状では政治参加手段としてあまりポピュラーではない。主たる障害物の一つは、新たなＩＤを生み出した消費文化に潜んでいる。つまり、利便性と快適性とが優先されてしまうのだ（この二つはあるレベルでは確かに望ましいことだが）。社会的整序を司る、「氷山の海面下の部分」を可視的にする手段が見つかるまでは、普通の市民や消費者を説得し、新たなＩＤによって約束されているセキュリティやアクセスの容易さについて再考させるのは困難であろう。

電子的、そして、バイオメトリクス的なIDシステムが、世界の多くの国で日常生活の一部になりつつある。「私たちが身元特定によって統治されている」という考えは、実際には、国民国家だけではなく他の様々な機関がガバナンスに加わっていることを意味する。その中で一体どのような市民権が可能であり、また望ましいのだろうか。IDカードシステムについての議論は、市民権および民主主義に関する幅広い論争を抜きには、理解することができない。同時に、こうした問題そのものもまた、身元特定に関する問題を提起するのである。人々の移動が増大し、グローバル化する世界の中で、より多くの人が国家に関わってはいるが、それは国民国家とは限らない。国民IDカードの持つ多義性もそこにある。移民労働者は、国家による保健政策の恩恵を受けるべきなのか？　留学生が「禁止されている組織」と接触を持ったならばそれは国家にとって脅威なのか？　旅行者はビザに記された日付けを超えて滞在できるのか？　こうした問題もまた、IDカードが乗り越えようと試みることができる、今日の多義的なアイデンティティに関係を持っているのである。

新たなIDは、二一世紀にも重要である政治的なアイデンティティの代用品[原注43]だと考えられるかもしれない。新たなIDの出現によって、市民権が国民性と関係するだけではなく、出生国、民族、ジェンダー、果ては宗教とも関連していることが明らかとなった。「アイデンティティの政治」が、「アイデンティティ・マネジメント」という新体制の下によって隠蔽されたり、その中に包み込まれたりしている。新しいＩＤについての懸念を言挙げし、それにまつわる問題についてより民主的な代替案を提案しようとしている思考力や組織力、移動性を備えた市民たちは、そうした状況について声を挙げるチャンスを有している。

新たなＩＤは、政府、民主主義、政治といった基本概念が「総点検」を迫られる中で、何らかの方法を指し示すだろう。私は、ＩＤカードは少なくとも、二つの意味で市民権を表していると思う。かつて「公共」と「民間」とは別の領域だと考えられており、それを前提に日常における「所属」や「責任」についての行動や態度も定まっていたが、ＩＤカードは、政府だけではなく企業も力を有している、いわば複数の源泉を持つ現代のガバナンスの実態を表している。さらにＩＤカードは、特に市民が整序される社会的・人口統計的なカテゴリーを通じて、「市民」という主体の創造を手助けする。民主主義を、政治的に「下からの目線」のものだとする考えから（政府を単に「上からの目線」の政治とする見方を補完し）、「市民社会」という、よりニュアンスに富んだ概念へのシフトを示唆するのだ。(原注44) もちろん「市民社会」概念も、政治社会学上で論争となっているものだが、普通の人々が地域において担っている役割に目を向けるのには役に立つ。かくして、「市民権」という重い概念を、生活の場へ、社会的理想を持つことの重要性へ、それについて開かれた形で討議する必要性へと、運んで行くのだ。

この後二者の次元へ焦点を合わせることが、ＩＤシステムの発展にどのように貢献するのだろうか？　もし「大文字の他者」へのケアが人間の社会性の基盤であるならば、そして、もし最も脆弱な人々へのケアが政府の正統性を測るテストであるならば、これまで論じてきた身元特定を代替する様式を形作る、強い社会的理想を生み出すだろう。新しいＩＤの発展はあまりにも、「疑惑」や「信頼の破壊」と結びついてきた。草の根のレベルで移民グループと交流してきた人々は、信頼や包摂を養うためにＩＤを発展させる方法について、きっと一家言持っているだろう。もし遠隔的に作用しバイオメトリクスを使った新しいＩＤが、人々の物語に対して耳を塞ぐのであれば、それを克服する道はないのだろうか？（原注45）本書では、新しいＩＤが助長しようとしている世界の、陰鬱な側面について描いてきた。愛、ケア、信頼といった言葉は、ＩＤにまつわるテクノロジー、政策、分析とは無縁に思えるが、これは必然なのだろうか？

ＩＤが発展してきた文脈を注意深く見て行くと、多くの場合において恐ろしいほど不適切と言える。国民国家の領土内で「包摂や排除の剝きだしの神経」に触れるようなシステムを導入する時、誰を飛行機に乗せ誰を乗せないか決定する時、あるいはより日常的に、誰に住宅手当を支給する資格を与えるか評価する時でさえ、「アイデンティティ・マネジメント」が関わってくるのだ。舞台の裏側で、「社会的整序」が機能しており、その基準は市民や請求者や消費者にはしばしば不透明だ。タテマエではそうした人々に奉仕すべきとなっていても、実際には組織の利害を反映した基準で動いている。アイデンティティ・マネジメントではなく、「アイデンティティ確証」という概念に基づいて（これについては序章で触れた）、こうした基準についての開かれた議論および、それへの反応が不可欠だと私は考える。

現状は理想とはほど遠く、新たなＩＤの導入は、政治的な異論を制限し、ＩＤカードの機能の修正を唱える人たちの努力を挫く方向で動いている。特に英国、米国、日本といった主要国で確かにそうである。IDカードシステムは、ハードウェアやソフトウェアを供給するハイテク企業、カードの導入でメリットを受けるであろう銀行などの企業、そして政府部局などが集まってできたものだ。（原注46）したがってその影響をマイナスの形で最も強く受けるのは最も弱い集団、つまり移民や、テロへの関与を疑われる人々や、福祉を請求する人々である。よい政府を測る基準が、もっとも弱い人々を最悪の状況から救い出す程度にあるとするならば、IDカードがよい政府を手助けするとは到底言えない。

　新たなIDのすることはしばしば、それが依存するコンピュータ・ネットワークが一般に得意とすることで、結果として「管理の文化」（原注47）に貢献する。これまで見てきたように、このコントロールは手ごわい。本性上デジタルであり、一般的に統治に関わり、社会の広い領域に影響を及ぼす。これは、マネジメント・アプローチや、政治経済におけるネオリベ（新自由主義）の台頭に見られるような、長期的な歴史の動きの産物とも言える。（原注48）それがコンピュータ・ネットワークを利用することで、近代と結びついていた因習的な規律（フーコーが分析した）から離れ、ジル・ドゥルーズが「管理」と呼んだようなもの（もしくは聴覚‐視覚的プロトコル）に変容してきた。（原注49）その中で焦点が、道徳や民主主義の欲求から、社会的カテゴリーを示すコンピュータ・コードによって決定される関係性へと動いていった。新たなIDは、これまでとは違った形で「社会的整序」（原注50）を行い、それがどんな結末を生むのかはまだ十分には分かっていない。さらに、それが遠隔的に、バイオメトリクスを使って行われるので、「アイデンティティの作り手」たちを、日常生活における奮闘や、政治的な議論を領域からはかけ離れた所へと移してしまう。

　いわゆる「テロとの戦い」のような緊急事態によって（国内および国際的な）法律の慣習的なルー

ルが押し退けられ、新たなＩＤが脆弱な集団をカテゴリー化することで一層不利に扱う可能性が増す時に、その結節点となっているのがこうした「アイデンティティの安全保障化」なのである。(原注51) さらにハイテク企業の持つ力と、企業が提示する「ソリューション」に頼りたい政府によって、少なくとも、「人権や承認の政治」という観点からは、状況はさらに暗澹たるものとなる。

しかしこうした動きは、不可避のものではない。電子的なＩＤカードシステムはまだ、揺籃期なのである。現在の潮流が問い直され、批判的な学問が要求するように方向が変わるならば、ＩＤシステムに登録されている市民（および市民になろうとしている人々）の利害を第一に考える形で、政治が動くかもしれない。個人データの抽象化や、安全にばかり強迫的にこだわる政権による「予防的措置」は、こうした希望に対して障害物となる。かといって、希望を持つこと、希望に従って行動することは不毛ではない。そうした希望や行動が、綿密な調査と結びつけば、「アイデンティティが身元特定によって曇らされない未来」に必ずや貢献するだろう。

謝辞

私は長らく、身元特定システムに焦点を当てて研究と執筆をしたいと願っていたので、この問題に専念する手助けを得たことにとても感謝している。クイーンズ大学の「監視プロジェクト」は、「個人データのグローバリゼーション」（GPD）および最近では、「新たな透明性：監視と社会的整除」（愛情を込めて「NewT」と呼ばれる）部門の下、IDシステムについて研究するコンテクストおよび研究仲間を与えてくれた。それぞれの研究資金は、カナダ社会人文科学研究会議に負っている。さらにキラム奨学金（二〇〇八―二〇一〇年）が追い風となり、身元特定の問題に集中することができた。その最初の成果が本書である。

この研究関心から生まれたこれまでの成果としては、長く研究仲間であり、GPDも共に行っているコリン・ベネットとの共編著『Playing the Identity Card』（Routledge,2008）がある。この本には、世界各国の実際の事例が掲載されており、本書においてもそのいくつかを利用しているので、ある意味で姉妹書とも言える。さらに、リバーヒューム財団が資金提供し、ジェイン・カプランとエディ・ヒッグズが主導する「Identinet」の研究者たちとも協力しながら、私は今後も同じテーマを追究したいと考えている。

本書の各章は、会議やワークショップなどの様々な機会に発表されたものであるが、本書に収めるにあたっては加筆修正などを施している。第1章はもともと、二〇〇七年にオハイオ大学で行われた「非安全のテクノロジー」会議のために準備したもので、その時の原稿は、カジャ・フランコ・アースとヘレーヌ・オッペン・

グルンドゥス、ハイディ・モーク・ロメルの編集によって、同名の著作に収められている（Routledgeより二〇〇八年に刊行）。第2章の前身は、ステファヌ・レマン＝ラングロワが編集した『テクノクライム』（Willanより二〇〇八年に刊行）に収められている。「カード・カルテル」という概念は、二〇〇七年にイースト・ロンドン大学で行われたイギリス社会学会、および、二〇〇八年にバルセロナで開催された国際社会学連合会議で、検討を受けた。第5章の大半は、「バイオメトリクス、身元特定、監視」というタイトルで『バイオエシックス』誌二二巻九号に発表した論文が原型である。この論文の再録について、国際生命倫理学会およびブラックウェル社に感謝する。最後に、第6章に書いたようなことを最初に発表したのは、二〇〇六年にマッギル大学で行われたシンポジウム「テクノロジーと民主主義」であり（主催者はダリン・バーニー）、さらに二〇〇八年にクレタ大学で、ケヴィン・ハガーティとミナス・サマタスが主宰した「監視と民主主義」会議でも発表している。後者については、この二人の編集によって、Routledgeから同名の著作として刊行されている。

この間の読み手および聞き手のみなさんにも感謝するが、さらに、このプロジェクトに関心を寄せ、本書の原稿の一部もしくは全部を読んでくれた方々に言及しておかねばなるまい。カジャ・フランコ・アース、コリン・ベネット、クリスタ・ボア、アイズ・セイハン、アンドリュー・クレメント、カタリナ・フロイス、アレックス・ギャロウェイ、ケヴィン・ハガーティ、ボブ・パイク、チャールズ・ラーブ、マーク・ソルター、ニック・スペンサー、イルマ・ヴァン・デア・プレーグ、ディーン・ウィルソン、エリア・ズレイクの各氏である。そしていつも変わらず辛抱強く積極的なポリティ・プレス編集者のアンドレア・ドルガンおよび彼女が委嘱した匿名の査読者。また、監視プロジェクトの研究助手を務めたエミリー・スミスも研究者、読者、オーガナイザーとして尽くしてくれた。しかしもちろん、本書に間違いや欠陥が残っているとしたら、それは私の責任である。

本書の支援者の中で、もっとも長く犠牲を払ったのは家族だろう。もし彼らがいなければ、私は本当にどこに行っていたか分からない。母のジェーンは、もう九〇歳だが、私の仕事に鋭い関心を持ち続けている。そして子どもたちも。人生のパートナーであるスーは、常に叡知と支援の源泉であり、彼女がいなければ私はこれまでの仕事を成し遂げられなかったろうし、それだけでなく、どこで仕事を終えるべきかも彼女が教えてくれた。本書自体は、私たちの世代の奮闘から生まれたものだけれど、愛を込めて次世代の四人に贈られる。

訳者あとがき

本書は、David Lyon "Identifying Citizens: ID cards as surveillance", 2009, Polity. の邦訳である。直訳すると「市民特定：監視としてのIDカード」ということになろうか。著者のライアン氏はカナダのクィーンズ大学の社会学の教授で、情報社会論、特に近年では監視社会論の第一人者として知られている。日本語に訳されているものだけでも、『新・情報化社会論』『ポストモダニティ』『監視社会』『9・11以降の監視』と四冊にのぼっている。

内容については、氏のこれまでの監視社会論の延長線上にあるものだが、特にIDカードについて、その市民特定機能がもたらすマイノリティ集団への悪影響や、カード事業を食い物している民間テクノロジー企業に焦点を当てるという点で、研究により一層の深みが加わっている。

ライアンの監視社会論の特徴は、監視の両面性を常に意識しているところにある。監視が恐ろしいといった著作は欧米だけでなく日本でも数多く出版されているが、売上げのためなのか、どうしてもセンセーショナリズムに走りがちで、事実に基づいた落ち着いた議論ができにくい。その点ライアンは、真っ当な社会学者の本分を忘れず、監視は近代国家につきものであり、福祉などの点で国民に利益をもたらすことを言い添えるのを忘れない。

いささか私事を述べるのをお許しいただきたい。私にとって、ライアンの翻訳を出すのは長年の念願の一つだった。東大生協もしくは丸善で、ライアンの The Information Society を見かけて買ったのは、確かまだ修士課程の学生の頃だったと思う。夢中になって読み、これを日本語にするのは自分しかいないと思った。しかしほどなく、コンピュータ・エージ社から小松崎清介氏の訳書が出てしまった（『新・情報化社会論』）。次にライアンの本に出会ったのは、博士課程の学生の頃だ。The Electronic Eye と Postmodernity で、もちろんどちらもすぐに購入して読みふけった。その頃私は、最初の翻訳書ハイム『仮想現実のメタフィジックス』を岩波から出していたので、そのつてで岩波に『ポストモダニティ』の翻訳企画を全訳して持ち込んだ。しかしこの企画は結果的に他の訳者によって他社から翻訳刊行され、今でもたいへん残念な思い出となっている。The Electric Eye（『電子の眼』）については、自分でコツコツ訳し、第一部が終わったところで本書の版元の青土社に持ち込んだ。対応してくれたのは、本書の担当者である水木康文氏の前任者にあたる宮田仁氏であった（宮田氏には三冊の翻訳書でお世話になった）。氏は『電子の眼』の価値を認めてくれたが、分量が多すぎるという理由で企画は没になった。二〇〇一年に原書が出たSurveillance Society ももちろん発売直後に読んでいたが、油断しているうちに青土社から別の翻訳者で出版されてしまった（『監視社会』）。つまらぬことを書き綴ったけれど、いわばそのくらい私はライアン氏の著作には思い入れがあるのである。

いまこの訳者あとがきを書いている時点では、「消えた年金」問題や、住民票に記載があるのに行方が分からなくなっている高齢者の問題などが、ニュースで話題を呼んでいる。国民は、国家による情報管理が予想以上にいい加減であることに腹を立て、かつて反対の多かった「国民総背番号制度」のような、統一的な国民番号の導入も今なら成功しそうであるが、国民世論の盛り上がりによって勢いで通してよいものではない。さらに言えば、本書でもわずかに触れられているが、日本では「住民基本台帳ネットワーク」という失敗例がある。私は地域情報化政策も専門の一つなので、よく地方の役所に取材に行くのだが、富山県南砺市のような比較的多くの人が「住基カード」を使っている自治体は例外で、全体で見れば普及率は数％程度である。このシステムが失敗したのは、政治的な駆け引きや、いわゆるＩＴゼネコンが金儲けのために高価で使えないシステムを入れたためもあるだろうが、一番大きな要因は国民の無理解や無関心にあるのではないだろうか。

「監視社会」や「監視国家」と言っても、それがすべて悪いわけではない。例えば、国会議員や高級官僚、司法関係者や警察官といった公権力を持っている人間にはＧＰＳやＲＦＩＤを埋め込むことを義務化してライフログを収集し、国民が公権力を常に監視することで不正抑止を図ることも現在の技術を使えば可能なのである。そうした選択肢が広がっている時に、この分野に無関心であってはならない。本書の価値は、欧米の事例を知ることだけにあるのではなく、日本という国の制度をこの情報社会、監視社会にあった形で再編し、もっとも国民にとって望ましい形に変えてゆくための、思考の材料を提供することにあると私は考える。本書が一人でも多くの読者に読まれ、そして、望ましい制度について考えていただけるなら、訳者としてこれ以上の慶びはない。

二〇一〇年八月

田畑　暁生

膨張する監視社会

個人識別システムの進化とリスク

2010 年 9 月 25 日　第 1 刷印刷
2010 年 10 月 10 日　第 1 刷発行

著者——デイヴィッド・ライアン
訳者——田畑暁生
発行者——清水一人
発行所——青土社
東京都千代田区神田神保町 1－29 市瀬ビル〒 101-0051
［電話］03-3291-9831（編集）03-3294-7829（営業）
［振替］00190-7-192955
印刷所——ディグ（本文）
方英社（カバー・扉・表紙）
製本所——小泉製本

装幀——芦澤泰偉

ISBN978-4-7917-6571-3　Printed in Japan

［著者］デイヴィッド・ライアン　David Lyon

カナダ、クイーンズ大学社会学教授。主な著書に、『監視社会』（青土社）『9・11以後の監視』（明石書店）『ポストモダニティ』（せりか書房）『新・情報社会論』（コンピュータ・エージ社）他がある。社会とテクノロジーの相互作用の視点から、現代社会の権力秩序を分析する手腕が高く評価され、情報社会論、特に近年では監視社会分析の第一人者として注目される。

［訳者］田畑暁生（たばた・あけお）

1965年生まれ。東京大学大学院博士課程（社会情報学）単位取得退学。神戸大学大学院人間発達環境学研究科准教授。著書『情報社会を知るクリティカル・ワーズ』（フィルム・アート社）、『情報社会論の展開』（北樹出版）他。訳書、A・ハラヴェ『ネット検索革命』、F・ウェブスター『「情報社会」を読む』、K・マクロード『表現の自由vs知的財産権――著作権が自由を殺す？』（以上青土社）他多数。

索引

ア行

カ行

サ行

タ行

ナ行

ハ行

マ行

ヤ行

ラ行

原注

序章

(1) Zygmunt Bauman 2004, *Identity,* Cambridge: Polity, 13.

(2) David Lyon and Colin J. Bennett 2008, 'Introduction' to Bennett and Lyon, eds, *Playing the Identity Card: Surveillance, Security and Identification in Global Perspective*, London and New York: Routledge. を参照。

(3) See Elia Zureik, Lynda Harling-Stalker, Emily Smith, David Lyon and Yolande E. Chan, eds, forthcoming, *Privacy and Surveillance: International Survey*, Montreal and Kingston: McGill-Queen's University Press. を参照。

(4) James B. Rule 1973, *Private Lives, Public Surveillance*, London: Allen Lane Press.

(5) Mark Salter 2003, *Rights of Passage: The Passport in International Relations,* Boulder, CO: Lynne Rienner Publishers; and John Torpey 2000, *The Invention of the Passport: Surveillance, Citizenship and the State,* Cambridge and New York: Cambridge University Press. を参照。

(6) Nikolas Rose 1999, *Powers of Freedom*, Cambridge and New York: Cambridge University Press, 240.

(7) Nicholas Abercrombie, Stephen Hill and Bryan Turner 1986, *Sovereign Individuals of Capitalism*, London: Allen and Unwin; Jane Caplan and John Torpey, eds, 2001, *Documenting Individual Identity*, Princeton: Princeton University Press; and Richard Jenkins 2004, Social Identity, London and New York: Routledge.

(8) Ayse Ceyhan, ed., 2007, *Identifier et surveiller: Les technologies de sécurité,* Paris: L'Harmattan (Cultur et Conflits 64), 8.

(9) See Roger Clarke 1997, 'Chip-based ID: Promise and peril', available at *www.anu.edu.au/people/Roger.Clarke/DV/IDCards97.html,* accessed 17 December 2008.

(10) Caterina Frois 2008, 'Personal databases and surveillance in Portugal: Analysis of a transitional process', Sheffield conference of the Surveillance Network, April.

(11) Miriam Lips, John A. Taylor and Joe Organ 2007, 'Identity management as public innovation: Looking beyond ID cards and authentication systems', in Victor J J.M. Bekkers, Hein P.M. van Duivenboden and Marcel Thaens, eds, *ICT and Public Innovation: Assessing the Modernisation of Public* Administration, Amsterdam: IOS Press.

(12) Erving Goffman 1959, *The Presentation of Self in Everyday Life,* New York: Anchor.

(13) James Crosby 2008, *Challenges and Opportunities in Identity Assurance*, London:

HMSO.

⒁ 例えばLSE 2005, *The Identity Project,* London: LSE Department of Information Systems.

⒂ Gary T. Marx 2006, 'Varieties of personal information as influences on attitudes towards surveillance', in Kevin D. Haggerty and Richard V. Ericson, eds, *The New Politics of Surveillance and Visibility,* Toronto: University of Toronto Press, 107.

⒃ Charles Raab 2005, 'Perspectives on "personal identity"', *BT Technology journal,* 23:4, 15-24.

⒄ Raab 2005, 16.

⒅ David Lyon 2007, *Surveillance Studies: An Overview,* Cambridge: Polity, 89-92 and Jenkins 2004. における短い議論を参照。

⒆ Michael Dillon 2002, 'Network-centric warfare and the state of emergency', *Theory, Culture and Society,* 19:4, 71-9.

⒇ 植民地下のアフリカという文脈における、アイデンティティ問題のキリスト神学的な説明は、Kwame Bediako 1992, *Theology and Identity,* Oxford: Regnum Books. を参照。

(21) Miroslav Volf 1996, *Exclusion and Embrace: A Theological Exploration of Identity, Otherness and Reconciliation,* Nashville, TN: Abingdon, especially chapter 3.

(22) David Lyon 1994, *The Electronic Eye: The Rise of Surveillance Society,* Cambridge: Polity.

(23) Zygmunt Bauman 2000, *Liquid Modernity,* Cambridge: Polity.

(24) もしＩＤシステムが、クロスビー報告（上記注13を参照）が前提するように、カード保持者の利益がシステムオペレータの利益よりも圧倒的に重要とされていたならば、結果は全く違っていただろう。

(25) Ceyhan 2007, 13.

(26) Ceyhan 2007, 13.

(27) Emmanuel Levinas 1961, *Totality and Infinity: An Essay in Exteriority,* Pittsburgh: Duquesne University Press, 24.

(28) Zygmunt Bauman 1993, *Postmodern Ethics,* Oxford and Cambridge, MA: Blackwell, 149. に引用されている。

(29) Charles Taylor 1994, 'The politics of recognition', in Amy Guttman, ed., *Multiculturalism: Examining the Politics of Recognition,* Princeton: Princeton University Press, 25.

(30) Bauman 2004, 21.

(31) これはほぼBauman (2004, 21) からの引用であり、Giorgio Agamben 2000, *Means without Ends,* Minneapolis: University of Minnesota Press. に考えを負っている。

(32) この部分については、Volf (1996) の挑戦的な思考に重要な手掛かりを得ている。

(33) David Lyon, ed., 2003c, *Surveillance as Social Sorting: Privacy, Risk and Digital Discrimination,* London and New York: Routledge.

(34) Simone Browne 2007, Trusted Travelers: The Identity-Industrial Complex, Race and Canada's Permanent Resident Card, PhD dissertation, Toronto: UT-OISE.

(35) Elia Zureik with Karen Hindle 2004, 'Governance, security and technology: The case of biometrics', *Studies in Political Economy,* 73, 113-37.

(36) Statewatch 2005, 'EU: Biometrics - from visas to passports to ID cards', available at *www.statewatch.org/news/2005/jul/09eu-passports-id-cards.htm,* accessed 17 December 2008.

(37) Ellen Nakashima 2008, 'US seeks data exchange', *Washington Post,* 8 July, D01, available at *www.washingtonpost.com/up-dyn/content/article/2008/07/07/AR2008070702459.html?referrer-emailarticle,* accessed 17 December 2008.

(38) Selya Benhabib 2004, *The Rights of Others: Aliens, Residents and Citizens,* Cambridge and New York: Cambridge University Press, 1.

第１章　書類を要求する

(1) Valentin Groebner 2007, *Who Are You? Identification, Deception, and Surveillance in Early Modern Europe,* New York: Zone Books, 237.

(2) Willock v. Muckle (1951) による事例をまとめた。ウィロック氏は英国のドライバーであったが、平時にはＩＤを見せることを拒否し続けた。これは戦時の手段だというのが彼の言い分である。

(3) See Dennis Gaffney 2000, 'Tricks of the trade: African Americana', Antiques Roadshow, PBS, 17 July, available at *www/pbs.org/wgbh/roadshow/tips/africanamericana.html,* accessed 18 December 2008.

(4) Herbert L. Dreyfus and Paul Rabinow 1982, *Michel Foucault: Beyond Structuralism and Hermeneutics, Chicago:* University of Chicago Press, 119.

(5) Valentin Groebner 2001, 'Describing the person, reading the signs in late medieval and Renaissance Europe: Identity papers, vested figures and the limits of identification', in Jane Caplan and John Torpey, eds, *Documenting Individual Identity, Princeton*: Princeton University Press.

(6) Tracy Wilkinson 2008, 'Italy criticized for fingerprinting Gypsies', *Los Angeles Times,* 11 July, available at *www.latimes.com/ews/nationworld/world/europe/la-fg-gypsies11-2008ju111,0,3931207.story,* accessed 18 December 2008.

(7) Jane Caplan and John Torpey, eds, 2001, *Documenting Individual Identity,* Princeton: Princeton University Press.

(8) Kristin Ruggiero 2001, 'Fingerprinting and the Argentine plan for universal identification in the late nineteenth and early twentieth centuries', in Jane Caplan and John Torpey, eds, *Documenting Individual Identity,* Princeton: Princeton University Press.

(9) Jon Agar 2005, 'Identity cards in Britain: Past experience and policy implications', *History and Policy,* Policy Paper 33, available at *www.historyandpolicy.org/archive/policy-paper-33.html,* accessed 18 December 2008.

(10) これについて鍵となる情報源は Chandak Sengoopta 2003, *Imprint of the Raj,* London: Macmillan. である。

(11) さらに Stephen Kern 2003, *The Culture of Time and Space* (second edition),

Cambridge, MA: Harvard University Press. を参照。

⑿ James Scott 1998, *Seeing Like a State: How Certain Schemes to Improve the Human Condition Have Failed*, New Haven: Yale University Press.

⒀ John Torpey 2000, *The Invention of the Passport: Surveillance, Citizenship and the State*, Cambridge and New York: Cambridge University Press.

⒁ Veena Das and Deborah Poole, eds, 2004, *Anthropology in the Margins of the State*, New Delhi: Oxford University Press. も参照。

⒂ Torpey 2000, 12.

⒃ Scott 1998.

⒄ Richard Ericson and Kevin Haggerty 1997, *Policing the Risk Society*, Toronto: University of Toronto Press, 111.

⒅ Torpey 2000.

⒆ 1867年に結成された「カナダ連邦」の依って立つ原則である「平和、秩序、良き政府」を参考にしている。

⒇ Victoria Hui 2005, *War and State Formation in Ancient China and Early Modern Europe*, Cambridge and New York: Cambridge University Press.

(21) R.F. Willetts, *The Civilization of Ancient Crete*, Troy, MI: Phoenix Press, 88.

(22) Edward Higgs 2004, *The Information State in England: The Central Collection of Information on Citizens*, 1500-2000, London: Palgrave.

(23) Scott 1998, 71.

(24) Higgs 2004, 42.

(25) T.H. Marshall 1950, *Citizenship and Social Class*, Cambridge: Cambridge University Press.

(26) Engin Isin and Bryan Turner 2007, 'Investigating citizenship: An agenda for citizenship studies', *Citizenship Studies*, 11:1, 5-17.

(27) C.B. MacPherson 1962, *The Political Theory of Possessive Individualism: Hobbes to Locke*, Oxford: Oxford University Press.

(28) Gerard Noiriel 1996, *The French Melting Pot: Immigration, Citizenship and National Identity*, Minneapolis: University of Minnesota Press.

(29) Noiriel 1996, 60.

(30) Zygmunt Bauman 1991, *Modernity and the Holocaust*, Cambridge: Polity.

(31) Edwin Black 2001, *IBM and the Holocaust*, New York: Crown.

(32) Keith Breckenridge 2008, 'The elusive panopticon: The HANIS project and the politics of standards in South Africa', in Colin J. Bennett and David Lyon, eds, *Playing the Identity Card: Surveillance, Security and Identification in Global Perspective*, London and New York: Routledge. を参照。

(33) Timothy Garton Ash 1998, *The File: A Personal History*, New York: Vintage Books.

(34) David Shearer 2004, 'Elements near and alien: Passportization, policy and identity in the Stalinist state 1932-1952', *Journal of Modern History*, 76,837-8.

(35) Shearer 2004, 838.

(36) Shearer 2004, 839.

(37) John Torpey 1998, 'Coming and going: On the state monopolization of the "legitimate means of movement"', *Sociological Theory,* 16:3, 254.

(38) Marc Garcelon 2001, 'Colonizing the subject: The genealogy and legacy of the Soviet internal passport', in Jane Caplan and John Torpey, eds,.2001, *Documenting Individual Identity*, Princeton: Princeton University Press, 84.

(39) Garcelon 2001, 98.

(40) Christian Parenti 2003, *The Soft Cage: Surveillance in America from Slavery to the War on Terror*, New York: Basic Books, 14.

(41) Parenti 2003, 15.

(42) ブリキのバッジの写真は、Michael Riley 2006, 'The slave hire badges of Charleston, South Carolina', *Heritage-Slater Americana News*, 28 April, 2:3, available at *historical.ha.com/common/newsletter.php?id=1651/*, accessed 19 December 2008. で見ることができる。

(43) Parenti 2003, 25.

(44) パスの写真は、*cofc.cdmhost.com/cdm4/item_iewer.php?CISOROOT=/p246801co115&CISOPTR=4&CISOBOX=1&R EC=1/*, accessed 19 December 2008. で見ることができる。

(45) Shuddhabrata Sengupta 2003, 'Signatures of the Apocalypse', *Mute*, 3 July, available at *www.metamute.org/en/Signatures-of-the-Apocalypse/,* accessed 19 December 2008; see also Taha Mehmood 2008, 'India's new ID card: Fuzzy logics, double meanings and ethnic ambiguities', in Cohn J. Bennett and David Lyon, eds, *Playing the Identity Card: Surveillance, Security and Identification in Global Perspective,* London and New York: Routledge.

(46) Sengupta 2003.

(47) Peter Uvin 1997, 'Prejudice, crisis and genocide in Rwanda', *African Studies Review*, 40:2, 95.

(48) Timothy Longman 2001, 'Identity cards, ethnic self-perception and genocide in Rwanda', in Jane Caplan and John Torpey, eds, *Documenting Individual Identity,* Princeton: Princeton University-Press, 346.

(49) Longman 2001, 350.

(50) Longman 2001, 352.

(51) Longman 2001, 356.

(52) Simon Cole 2001, *Suspect Identities: A History of Fingerprinting and Criminal Identification,* Cambridge, MA and London: Harvard University Press, 7.

(53) Georg Simmel 1950, 'The Stranger', in *The Sociology of Georg Simmel*, ed. K.H. Wolff, Glencoe, IL: Free Press.

(54) Cole 2001.

(55) Cole 2001, 13.

(56) Cole 2001, 21.

(57) 例えばMax Houck 2007, *Forensic Science: Modern Methods of Solving Crime,* Westport, CT: Greenwood, 64. を参照。

(58) Cole 2001, 121.

(59) Cole 2001, 132.

(60) Cole 2001, 249.

(61) See Scott 1998, 371 n. 38.

(62) Christopher Dandeker 1990, *Surveillance, Power and Modernity*, Cambridge: Polity, 93.

(63) Dandeker 1990, 101.

(64) Dandeker 1990, 107; and David Lyon 2003b, *Surveillance after September 11,* Cambridge: Polity.

(65) Higgs 2004, 133.

(66) Agar 2005.

(67) このパラグラフについては多くを、ジョン・アガーの研究に負っている。引用部分は、Jon Agar 2001, '"Modem horrors": British identity and identity cards', in Jane Caplan and John Torpey, eds, *Documenting Individual Identity*, Princeton: Princeton University Press, 104. からのもの。

(68) Agar 2005, 2.

(69) Agar 2005, 3.

(70) Linda Colley 1996, *Britons: Forging the Nation 1707-1837*, London: Vintage 37.

(71) Nikolas Rose 1999, *Powers of Freedom,* Cambridge and New York: Cambridge University Press, 47.

(72) Rule 1973.

(73) Ian Hacking 1990, *The Taming of Chanc*e, Cambridge: Cambridge University Press.

(74) Scott 1998, 83.

(75) Scott 1998, 83.

(76) パスポートの発展を理解するための古典的な情報源として、Torpey 2000 and Mark Salter 2003, *Rights of Passage: The Passport in International Relations,* Boulder, CO: Lynne Rienner Publishers.

(77) 例えば、Nadia Abu-Zahra 2007, 'IDs and territory: Population control for resource expropriation', in Deborah Cowen and Emily Gilbert, eds, *War, Citizenship, Territory*, London: Taylor and Francis. を参照。

第2章　整序システム

(1) Geoffrey Bowker and Susan Leigh Star 1999, *Sorting Things Out: Classification and Its Consequences*, Cambridge, MA: MIT Press, 225.

(2) Scott Thompson 2008, 'Who's absent, is it you? Identification technology and categorical tightness in Canada's national registration program 1940-1945', presented at *(In) Visibilities: The Politics, Practice and Experience of Surveillance in Everyday Life,* the 3rd Surveillance & Society Conference, University of Sheffield, 2-3 April, Sheffield, UK.

(3) Samantha Hanig 2006, 'Pentagon surveillance of student groups as security threats extended to monitoring email', *Chronicle of Higher Education*, 6 July.

(4) Richard Jenkins 2004, *Social Identity*, London and New York: Routledge, 165.

(5) Kirstie Ball, Elizabeth Daniel, Sally Dibb and Maureen Meadows 2009, 'Democracy, surveillance and "knowing what's good for you": The private sector origins of profiling and the birth of "citizen relationship management"', in Kevin Haggerty and Minas Samatas, eds, *Surveillance and Democracy,* London and New York: Routledge. を参照。

(6) David Lyon 2002, 'Everyday surveillance: Personal data and social classifications', *Information, Communication and Society*, 5:2, 242-57; and Lyon, ed., 2003c, *Surveillance as Social Sorting: Privacy, Risk and Digital Discrimination,* London and New York: Routledge.

(7) Oscar Gandy 2006, 'Data mining, surveillance and discrimination in the post-9/11 environment', in Kevin Haggerty and Richard Ericson, eds, *The New Politics of Surveillance and Visibility*, Toronto: University of Toronto Press.

(8) David Lyon 2004a, *ID Cards: Social Sorting by Database, Issues* Brief of the Oxford Internet Institute, available at *www/oii.ox.ac.uk /resources/publications/ IB3all,pdf,*, accessed 19 December 2008.

(9) 図２．１に示されているイタリアのＩＤカードについて、詳しくは 'LaserCard and Ritel team on production of Italian citizen ID card encoders', Reuters, 2 June 2008, available at *www.reuters.com/article/pressRelease/idUS104009+02Jun-2008+BW20080602*, accessed 19 December 2008; and 'Baltimore Technologies provides secure new infrastructure for Italian government's new electronic identity card project', Business Wire, 15 May 2001, available at *findarticles.com/p/ articles/mi_m0EIN/is_2001_May_15/ai_74502263*, accessed 19 December 2008. および OECD 2004, *The Security Economy Paris*: OECD.

(10) 調査の要約は、Elia Zureik with Emily Smith, Lynda Harling-Stalker and Shannon Yurke 2006, 'International surveillance and privacy opinion research', The Surveillance Project, Queen's University, Kingston, Ontario, 13 November, *www. surveillanceproject.org/research/intl survey/*, accessed 31 December 2008にある。David Lyon 2009, 'National ID card systems and social sorting: International public opinion', in Elia Zureik, Lynda Harling-Stalker, Emily Smith, David Lyon and Yolande E. Chan, eds, Privacy and Surveillance: International Survey, Montreal and Kingston: McGill-Queen's University Press. において、さらに議論している。

(11) David Lyon and Felix Stalder 2003, 'ID cards and social classification', in David Lyon, ed., *Surveillance as Social Sorting: Privacy, Risk, and Digital Discrimination,* London and New York: Routledge. を参照。

(12) Irma van der Ploeg 2005, *The Machine-Readable Body*, Maastricht: Shaker. を参照。

(13) Alexander Galloway 2004, Protocol: *How Control Exists after Decentralization*, Cambridge, MA: MIT Press.

(14) William G. Staples 2000, *Everyday Surveillance: Vigilance and Visibility in Postmodern Life*, Lanham, MD: Rowman and Littlefield; and David Lyon 2007,

Surveillance Studies: An Overview, Cambridge: Polity. を参照。

(15) James Scott 1998, *Seeing Like a State: How Certain Schemes to Improve the Human Condition Have Failed*, New Haven: Yale University Press.

(16) John Torpey 2000, *The Invention of the Passport: Surveillance, Citizenship and the State*, Cambridge and New York: Cambridge University Press; and Mark Salter 2003, Rights of Passage: The Passport in International Relations, Boulder, CO: Lynne Rienner Publishers. を参照。

(17) Nicholas Abercrombie, Stephen Hill and Bryan Turner 1986, *Sovereign Individuals of Capitalism*, London: Allen and Unwin; Anthony Giddens 1987, *The Nation-State and Violence*, Cambridge: Polity.

(18) Edwin Black 2001, *IBM and the Holocaust*, New York: Crown; and Timothy Longman 2001, 'Identity cards, ethnic self-perception and genocide in Rwanda', in Jane Caplan and John Torpey,eds, *Documenting Individual Identity*, Princeton: Princeton University Press.

(19) 例えば Keith Breckenridge 2008, 'The elusive panopticon: The HANIS project and the politics of standards in South Africa', in Colin J. Bennett and David Lyon, eds, *Playing the Identity Card: Surveillance, Security and Identification in Global Perspective*, London and New York: Routledge; and 2005, 'The biometric state: The promise and peril of digital government in the New South Africa', *Journal of South African Studies,* 31:2, 267-82. の警告に満ちたコメントを参照。

(20) John Taylor, Miriam Lips and Joe Organ 2007, 'Information-intensive government and the layering and sorting of citizenship', *Public Money and Management,* 27:2, 161-4.

(21) Taylor et al. 2007, 164.

(22) Andrew Clement, Krista Boa, Simon Davies and Gus Hosein 2008, 'Towards national ID policies for Canada: Federal initiatives and alternative principles', in Colin J. Bennett and David Lyon, eds, *Playing the Identity Card: Surveillance, Security and Identification in Global Perspective*, London and New York: Routledge. を参照。

(23) Simon Cole 2001, *Suspect Identities: A History of Fingerprinting and Criminal Identification,* Cambridge, MA and London: Harvard University Press. を参照。

(24) 例えば Roger Clarke 2006b, 'National identity schemes: The elements', 8 February, available at *www.anu.edu.au/people/Roger.Clarke/DV/NatlDSchemeElms.html,* accessed 19 December 2008. を参照。

(25) Roger Clarke 1988, 'Information technology and dataveillance', *Communications of the ACM,* 31:5, 499.

(26) Gary T. Marx and Nancy Reichman 1984, 'Routinizing the discovery of secrets', *The American Behavioral Scientist,* 27:4, 423-52.

(27) 例えば Bruce Rocheleau 2006, *Public Management Information Systems, Hershey,* PA and London: Idea Group Publishing, 262. を参照。

(28) Lawrence Lessig 1999, *Code and Other Laws of Cyberspace*, New York: Basic Books, 151.

(29) Oscar Gandy 1993, *The Panoptic Sort: A Political Economy of Personal Information,* Boulder, CO: Westview.

(30) Ian Hacking 1990, *The Taming of Chance*, Cambridge: Cambridge University Press; and 2002, *Historical Ontology*, Cambridge, MA: Harvard University Press. を参照。

(31) Lessig 1999.

(32) Such as the UK Data Protection Act 1998.

(33) コンピュータ科学者による批判的な見方として、ロジャー・クラークの国民ＩＤ論を参照。Roger Clarke 2006a, 'National identity cards? Bust the myth of "security über alles"!', 28 January, available at *www.anu.edu.au/people/Roger.Clarke/DV/NatID-BC-0602.html,* accessed 22 December 2008. を参照。

(34) Felix Stalder and David Lyon 2003, 'ID cards and social classification', in David Lyon, ed., *Surveillance as Social Sorting: Privacy, Risk and Digital Discrimination,* London and New York: Routledge.

(35) Didier Bigo 2002, 'Security and immigration: Toward a critique of the governmentality of unease', *Alternatives,* 27, 81.

(36) Didier Bigo 2004, 'Globalized in-security: The field of the professionals of unease management and the ban-opticon', *Traces: A Multilingual Journal of Cultural Theory,* 4, 1-33.

(37) 特に David Lyon 2003b, *Surveillance after September 11,* Cambridge: Polity; and Kirstie Ball and Frank Webster, eds, 2003, *The Intensification of Surveillance,* London: Pluto. を参照。

(38) *www.icao.int/mrtd/Home/Index.cfm/*. を参照。

(39) Armand Mattelart 2007, *La globalisation de la surveillance,* Paris: La Decouverte. を参照。

(40) Oscar Gandy 2006b, 'Quixotics unite! Engaging the pragmatists on rational discrimination', in David Lyon, ed., *Theorizing Surveillance: The Panopticon and Beyond,* Cullompton, UK: Willan.

(41) Kevin Haggerty and Richard Ericson 2000, 'The surveillant assemblage', *British Journal of Sociology,* 51:4, 605-22.

(42) Nancy Lewis 2005, "Expanding surveillance: Connecting biometric information systems to international police cooperation', in Elia Zureik and Mark Salter, eds, *Global Surveillance and Policing: Borders, Security and Identity*, Cullompton, UK: Willan.

(43) James B. Rule 1973, Private Lives, Public Surveillance, London: Allen Lane Press.

(44) House of Commons Science and Technology Committee 2006, `Scientific advice, risk and evidence: How government handles them', available at *www.parliament.uk/parliamentary-committees/science_and_technology-committee/sag.cfm*, accessed 22 December 2008.

(45) Lucia Zedner 2007, 'Fixing the future: The precautionary principle as security technology', paper presented at Technologies of In/Security, Oslo University,

April.

(46) 特に Elia Zureik with Karen Hindle 2004, 'Governance, security and technology: The case of biometrics', *Studies in Political Economy*, 73, 113-37. を参照。

(47) Kevin Dougherty 2008, 'Some border stories fuel the notion of a "war on tourism"', Montreal Gazette, 24 May, available at *www.canada.com/montrealgazette/news/saturdayextra/story.html?id=c1141f79-2b8e-430f-a701-6d713fd5647e*, accessed 22 December 2008.

(48) Jamie Doward 2006, 'The Karachi connection: From Pakistan to Britain, the remarkable story of an international web of terror', The Observer, 13 August, available at *www.guardian.co.uk/world/2006/aug/13/terrorism.jamiedoward*, accessed 29 January 2009. を参照。

(49) Eric Lipton and Scott Shane 2006, 'Plot shows need for more passenger data, officials say', *New York Times*, 15 August, available at *www.nytimes.com/2006/08/15/world/europe/15visa.html?r=1&oref-slogin*, accessed 22 December 2008. を参照。

(50) the Australia Privacy Foundation website: *www.privacy.org.au/Campaigns/ID/ID-cards/index.html*. を参照。

(51) ただし、ＥＵ内で誰がＩＤカードに責任を持つのかについてはまだ議論がある。See 'EU: Biometrics and national ID cards back on the table', Statewatch News Online, 2006, available at *www.statewatch.org/news/2006/jul/09eu-id-cards.htm*, accessed 22 December 2008.

(52) Available at *www.publications.parliament.uk/pa/cm200708/croselect/cmhaff/58/5802.htm*, accessed 22 December 2008. を参照。

(53) *www.lse.ac.uk/collections/PressAndlnformationOffice/NewsAndEvents/archives/2005/IDCard_FinalReport.htm*, accessed 22 December 2008. で利用可能。

(54) Mary Kaldor 2005, 'What is human security?', in David Held, Anthony Barnett and Caspar Henderson, eds, *Debating Globalization*, Cambridge: Polity.

(55) Owen Bowcott 2008, 'CCTV boom has failed to slash crime, say police', The Guardian, 6 May, available at *www.guardian.co.uk/uk/2008/may/06ukcrime1*, accessed 29 January 2009.

第３章　カード・カルテル

(1) このサイトは現在は見ることができない。

(2) Naomi Klein 2007, *The Shock Doctrine: The Rise of Disaster Capitalism*, Toronto: Knopf Canada, 369. に引用されている。

(3) 'Laser Card Corporation on winning team for Angola national ID card project', Business Wire, 17 January 2008, available at *findarticles.com/p/articles/mi_m0EIN/i_2008_Jan_17/ai_n24232* accessed 22 December 2008; Kunle Adirinokun 2008, 'New ID card scheme to gulp N30 billion', This Day, 2 July, available at *allafrica.com/stories/printable/200807020735.html*, accessed 22 December 2008.

(4) Seth Grimes 2003, 'Shared risk, shared rewards', *Intelligent Enterprise*, 1

September, 28, cited in Kelly Gates 2006, 'Identifying the 9/11 "faces of terror"', *Cultural Studies*, 20:4-5, 423.

(5) Robert O'Harrow 2005, *No Place to Hide*, New York: Free Press. を参照。

(6) OECD 2004, *The Security Economy*, Paris: OECD.

(7) Elia Zureik with Karen Hindle 2004, 'Governance, security and technology: The case of biometrics', *Studies in Political Economy*, 73, 113-37.

(8) Lucas Introna 2007, 'Making sense of ICT, new media and ethics', in Robin Mansell, Christanthi Avgerou, Danny Quab and Roger Silverstone, eds, *The Oxford Handbook of Information and Communication Technologies,* Oxford and New York: Oxford University Press, 325. を参照。

(9) Richard Jenkins 2004, Social Identity, London and New York: Routledge, 3-6; Georg Simmel 1950, 'The Stranger', in *The Sociology of Georg Simmel,* ed. K.H. Wolff, Glencoe, IL: Free Press, 30.

(10) Simone Browne 2007, Trusted Travelers: The Identity-Industrial Complex, Race and Canada's Permanent Resident Card, PhD dissertation, Toronto: UT-OISE. を参照。

(11) Richard Jones 2000, 'Digital rule', *Punishment and Society*, 2:1, 5-22.

(12) Lucia Zedner 2008, 'Epilogue: The inescapable insecurity of security technologies?', in Katja Frank Aas, Helene Oppen Gundhus and Heidi Mork Lomell, eds, *Technologies of InSecurity: The Surveillance of Everyday Life,* New York and London: Routledge.

(13) Nikolas Rose 1999, *Powers of Freedom,* Cambridge and New York: Cambridge University Press, 240-6.

(14) John Torpey 2000, *The Invention of the Passport: Surveillance, Citizenship and the State,* Cambridge and New York: Cambridge University Press.

(15) Rose 1999, 243.

(16) Torpey 2000, 4.

(17) Andreas Mehler 2004, 'Oligopolies of violence in Africa south of the Sahara', *Nord-Sud Aktuell,* 18:3, 539-48. を参照。

(18) Torpey 2000, 167.

(19) Torpey 2000, 165.

(20) Torpey 2000, 166.

(21) James Scott 1998, *Seeing Like a State: How Certain Schemes to Improve the Human Condition Have Failed*, New Haven: Yale University Press.

(22) Torpey 2000, 166.

(23) Rose 1999, 166.

(24) Rose 1999, 246.

(25) John Schwartz 2003, 'Venture to offer ID card for use at security checks', New York Times, 23 October, available at *http://query.nytimes.com/gst/fullpage.html?res=980DEED71731F930A15753C1A9659C8B63&,n=Top/Reference/Times%20Topics/Subjects/P/Prices%20(Fares,%20Fees%20and%20Rates)*, accessed 29 January 2009.

(26) Louise Amoore 2008, 'Governing by identity', in Colin J. Bennett and David Lyon, eds, *Playing the Identity Card: Surveillance, Security and Identity in Global Perspective,* London and New York: Routledge.

(27) David Lyon 2003b, *Surveillance after September 11*, Cambridge: Polity, 91-4.

(28) House of Commons Science and Technology Committee 2006, 'Scientific advice, risk and evidence: How government handles them', 31, available at *www.parliament.uk/parliamentary_committees/science_and_technology_committee/sag.cfm,* accessed 22 December 2008.

(29) Andrew Barry 2001, *Political Machines: Governing a Technological Society,* New York: Athlone Press. を参照。

(30) Budi Putra 2006, 'HP proposes a national identity system in Indonesia', Asia Cnet.com, 3 November, available at *asia.cnet.com/blogs/toekangit/post.htm?id=61964396*, accessed 23 December 2008.

(31) O'Harrow 2005, 6.

(32) O'Harrow 2005, 300.

(33) Thomas H. Kean, chair, 2005, *Final Report on 9-11 Commission Recommendations,* 4, available at *www. 9-11 pdp. org/press /2005-12-05 report. pdf,,4,* accessed 29 January 2009.

(34) 'ITAA White Paper: REAL ID means real privacy protection', Tax Press Release, 8 May 2007, available at *www.itaa.org/taxfinance/release.cfm?ID=2445,* accessed 23 December 2008.

(35) O'Harrow 2005, 119f.

(36) この概念が、他の言語を使っている人々（その中には既に実践している人もいるだろう）にどの程度翻訳可能なのか、さらに研究する必要がある。

(37) 例えば、Langdon Winner 2002, 'Complexity, trust and terror', *Tech Knowledge Revue,* 3:1, available at *http://www.ne future.org/2002/Oct2202_13 7.html,* accessed 23 December 2008. を参照。

(38) 例えば、Bruno Latour 2005, *Reassembling the Social: An Introduction to Actor-Network- Theory,* Oxford and New York: Oxford University Press. を参照。

(39) Lawrence Lessig 1999, Code and Other Laws of Cyberspace, New York: Basic Books, 6; Martin Dodge and Rob Kitchen 2005, 'Codes of life: Identification codes and the machine-readable world'. *Environment and Planning D: Society and Space,* 23, 851-81. も参照。

(40) 例えば、Ganaele Langlois 2005, 'Networks and layers: Technocultural encodings of the World Wide Web', *Canadian journal of Communication,* 30:4, available at *http://www.cjc-online.ca/viewarticle.php?id=1586*, accessed 23 December 2008. を参照。

(41) Alexander Galloway 2004, *Protocol: How Control Exists after Decentralization,* Cambridge, MA: MIT Press, 13.

(42) 例えば、David Lyon, ed., 2006b, *Theorizing Surveillance: The Panopticon and Beyond*, Cullompton, UK: Willan. を参照。

(43) Galloway 2004, 242.

(44) NECCC 2002, *Identity Management: A White Paper*, New York: The National Electronic Commerce Coordinating Council, 10.

(45) Jason Pridmore and David Lyon 2007, 'Customer relationship management as surveillance', unpublished paper, The Surveillance Project, Queen's University, Kingston, Ontario. も参照。

(46) Kelly Gates 2006, 'Identifying the 9/11 "faces of terror"', *Cultural Studies*, 20:4-5, 417-40; and Benjamin Muller 2004, '(Dis)Qualified bodies: securitization, citizenship and "identity management", *Citizenship Studies*, 8:3, 279-94.

(47) Muller 2004, 291.

(48) Dean Wilson 2006, 'Biometrics, borders and the ideal suspect', in Sharon Pickering and Leanne Weber, eds, *Borders, Mobility and Technologies of Control*, Berlin: Springer-Verlag.

(49) Martin Heidegger 1977, *The Question Concerning Technology and Other Essays*, New York: Harper Torchbooks.

(50) E.g. David Garland 2001, *The Culture of Control*, Chicago: University of Chicago Press.

(51) Heidegger 1977; and Introna 2007.

(52) Mark Salter 2003, *Rights of Passage: The Passport in International Relations*, Boulder, CO: Lynne Rienner Publishers, 55-6.

(53) Vincent Mosco 2004, *The Digital Sublime: Myth, Power and Cyberspace*, Cambridge MA: MIT Press.

(54) Jones 2000.

(55) See Louise Amoore and Marieke de Goede 2005, 'Governance, risk and dataveillance in the war on tenor', *Crime, Law and Social Change*, 43, 149-73. を参照。

(56) Oscar Gandy 2006, 'Data mining, surveillance and discrimination in the post-9/11 environment', in Kevin Haggerty and Richard Ericson, eds, *The New Politics of Surveillance and Visibility*, Toronto: University of Toronto Press. を参照。

第４章　拡大したスクリーン

(1) ブラウン英国首相へのインタビュー。出典は、Vikram Dodd and Richard Norton-Taylor 2007, 'Britain failing to check migrants on terror database, says Interpol chief', *The Guardian*, 9 July, available at *www.guardian.co.uk/society/2007/jul/09/asylum.terrorism*, accessed 31 December 2008.

(2) In FIDIS *(Future of Identity in the Information Society)*, Executive Summary, D4.1, 8, available at *www.fidis.net/fileadmin/fidis/deliverables/fidis-wp4-del4.l.account_interoperability.pdf*, accessed 31 December 2008.

(3) Dodd and Norton-Taylor 2007.

(4) Anne Frieberg 2006, *Virtual Window*, Cambridge, MA: MIT Press. を参照。

(5) William Connolly 1991, *Identity / Difference: Negotiations of Political Paradox*, Minneapolis: University of Minnesota Press, 64. を参照。

(6) Keith Breckenridge 2008, 'The elusive panopticon: The HANIS project and the politics of standards in South Africa', in Cohn J. Bennett and David Lyon, eds, *Playing the Identity Card: Surveillance, Security and Identification in Global Perspective,* London and New York: Roudedge, 53.

(7) Jeffrey M. Stanton 2008, 'ICAO and the biometric RFID passport: History and analysis', in Cohn J. Bennett and David Lyon, eds, *Playing the Identity Card: Surveillance, Security and Identification in Global Perspective,* London and New York: Routledge. はＩＣＡＯとパスポートについての議論の手助けとなる。

(8) バウマンは「リキッド」(液状的) という用語をいくつかのコンテクストで使っている。例えば、Bauman 2000, *Liquid Modernity,* Cambridge: Polity.

(9) Mark Salter, ed., 2008, *Politics at the Airport,* Minneapolis: University of Minnesota Press. での議論を参照。

(10) Anthony Giddens 1990, *The Consequences of Modernity,* Cambridge: Polity. を参照。

(11) David Lyon 2005a, 'The border is everywhere: ID cards, surveillance and the other', in Elia Zureik and Mark Salter, eds, *Global Surveillance and Policing: Borders, Security and Identity,* Cullompton, UK: Willan. を参照。

(12) Louise Amoore 2008, 'Governing by identity', in Colin J. Bennett and David Lyon, eds, *Playing the Identity Card: Surveillance, Security and Identification in Global Perspective,* London and New York: Routledge.

(13) website Integrate This! Challenging the Security Prosperity Partnership of North America at *canadians.org/integratethis/backgrounders/guide/ABCs.html,* accessed 31 December 2008. を参照。

(14) Louise Amoore 2007, 'Vigilant visualities: The watchful politics of the war on terror', *Security Dialogue,* 38:2, 139-56.

(15) Cited in Amoore 2008.

(16) Alexander Galloway 2004, *Protocol: How Control Exists after Decentralization,* Cambridge, MA: MIT Press.

(17) しかしインターネットの世界は常に変化しているということは、強調しておかなくてはならない。現在ではアドレスよりも、(グーグルにおけるように) キーワードや検索フレーズの方が、中心となった感がある。アクセス手段としてゲームやメッセージングといったネットワーク技術では、ドメインネームサーバーは全く必要としない。

(18) Galloway 2004, 10. に引用。

(19) David Pallister 2007, 'Junta tries to shut down internet and phone co. uk / links', The Guardian, 27 September, available at *www.guardian/international/story/0E2177641,00.html,* accessed 31 December 2008.

(20) Galloway 2004, 13.

(21) Giorgio Agamben 2004, *State of Exception,* Chicago: University of Chicago Press; and David Garland 2001, *The Culture of Control,* Chicago: University of Chicago Press. を参照。

(22) Teddy Hsu 2003, 'Security requirements and application scenarios for national

identification card schemes', available at *72.14.26r5.1041 search?q=cache: PHcZZafeCGkJ:icsa. cs.up.ac.za/issa/2003/Publications/012.pdf+id +protocols+national+id+card+systems&hl=en&ct=clnk&cd=3&gl=ca&client =firefox-a*, accessed 31 December 2008.

(23) Lawrence Lessig 1999, *Code and Other Laws of Cyberspace*, New York: Basic Books.

(24) Galloway 2004, 244.

(25) 2006年10月19日、カナダの市民権および移民局（CIC=Citizenship and Immigration Canada）は、カナダ国境サービス庁（CBSA=Canada Border Services Agency）, と連携し、6ヶ月間のバイオメトリクス実証実験を始めた。一時的なビザ（学生、労働、観光）入国者および避難民の処理に、指紋および顔認識テクノロジーを使うもので、こうしたテクノロジーが両機関の業務にどのような影響与えるかだけではなく、詐称の防止や、移動の合法化の推進にどのくらい役立つのか評価するもの。また、ＣＩＣの査証や入国業務において、バイオメトリクスデータの収集や認証への大きな投資のメリットも評価する。実証実験の結果は、*www.cic.gc.ca/english/department/atip/pia-biometrics*. asp. に掲載されている。

(26) Ann Cavoukian 2006, 7 *Laws of Identity*, Toronto: IPC. The original '7 Laws of Identity' came from Kim Cameron. See Joshua Trupin 2006, 'The 7 Laws of Identity', *Technet Magazine*, July, available at technet.microsoft.com/en-us/magazine/cc160959.aspx, accessed 31 December 2008.

(27) See Stephen Mulvey 2006, 'What the US knows about visitors', BBC News, 1 October, available at *news.bbc.co.uk/2/hi/europe/5390074.stm*, accessed 31 December 2008.

(28) *www.privacyinternational.org/issues/terrorism/rpt/icaoletter.pdf*, accessed 31 December 2008. を参照。

(29) Ian Hosein 2004, 'The sources of laws: Policy dynamics in a digital and terrorized world', *The Information Society*, 20:3, 187-99.

(30) Stanton 2008, 265.

(31) Nikolas Rose 1999, *Powers of Freedom*, Cambridge and New York: Cambridge University Press, 240.

(32) Rose 1999, 246.

(33) Kevin Haggerty and Richard Ericson 2000, 'The surveillant assemblage', *British Journal of Sociology*, 51:4, 605-22.

(34) Haggerty and Ericson 2000, 609.

(35) David Lyon 2001, *Surveillance Society: Monitoring Everyday Life*, Buckingham: Open University Press, 47.

(36) Colin J. Bennett 2006, 'What happens when you buy an airline ticket?', in Kevin Haggerty and Richard Ericson, eds, *The New Politics of Surveillance and Visibility*, Toronto: University of Toronto Press; and David Lyon 2006a, 'Airport screening, surveillance and social sorting: Canadian responses to 9/11 in context', *Canadian Journal of Criminology and Criminal justice*, 48:3, 397-411.

(37) 'Brussels poised to fine Microsoft', BBC News, 27 June 2006, available at *news.*

bbc.co.uk/2/hi/business/5120536.stm, accessed 31 December 2008. を参照。

(38) Mark Salter 2003, *Rights of Passage: The Passport in International Relations,* Boulder, CO: Lynne Rienner Publishers, 4; see also John Torpey 2001, 'The Great War and the birth of the modern passport system', in Jane Caplan and John Torpey, eds, *Documenting Individual Identity*, Princeton: Princeton University Press.

(39) ドイツのナチス政権は 1938 年に、国際刑事警察委員会（ICPC）を接収した。そのために他国の脱退が相次ぎ、委員会は破綻した。戦後の 1946 年にベルギーで開かれた会議で復活し、後にパリに本部を置くインターポールが設立された。

(40) Salter 2003, 81.

(41) Zygmunt Bauman 1998a, *Globalization: The Human Consequences,* Cambridge: Polity. を参照。

(42) Kirstie S. Ball and Frank Webster, eds, 2003, *The Intensification of Surveillance,* London: Pluto; and David Lyon 2003b, Surveillance after September 11, Cambridge: Polity.

(43) Michael Levi and David Wall 2004, 'Technologies, security and privacy in the post-9/11 European information society', *Journal of Law and Society*, 31:2, 194-220.

(44) Levi and Wall 2004, 199-200.

(45) 'Government halts work on Scope intelligence network', The Register, 16 July 2008, available at *www.theregister.co.uk/2008/07/16/scope_network_frozen/*, accessed 31 December 2008. を参照。

(46) ことは1983年にさかのぼる。Adrian Beck and Kate Broadhurst 1998, 'Compulsion by stealth: Lesson from the European Union on the use of national identity cards', *Public Administration*, 76, 779-92. を参照。

(47) Dean Wilson 2006, 'Biometrics, borders and the ideal suspect', in Sharon Pickering and Leanne Weber, eds, *Borders, Mobility and Technologies of Control,* Berlin: Springer-Verlag; and Eyal Weizman 2007, *The Hollow Land: Israel's Architecture of Occupation,* London: Verso.

(48) Malcom M. Feely and Jonathan Simon 2006, 'The new penology: Notes on the emerging strategy of corrections and its implications', *Criminology*, 30:4, 449-74.

(49) Richard Ericson 2007, *Crime in an Insecure World*, Cambridge: Polity.

(50) Roy Mark 2006, 'US e-Passports hitting market', Internet News, 23 October, available at *www.internetnews.com/security/article.php/3639411,* accessed 2_ February 2009.

(51) 例えば Will Sturgeon 2006, 'Biometric passport cracked and cloned', CNet News, 4 August, available at *news,cnet.com/8301-10784_3-6102333-7.html,* accessed 31 December 2008. を参照。

(52) Mark Weiser 1993, 'Hot topics: Ubiquitous computing', IEEE Computer, October. Version available at *www/ubiq.com/hypertext/weiser/UbiCompHotTopics.html*, accessed 31 December 2008. を参照。

(53) David Wright, Serge Gutwirth, Michael Friedewald, Elena Vildjiounaite and Yves Punie, eds, 2007, *Safeguards in a World of Ambient Intelligence*, New York:

Springer.

(54) Wright et al. 2007, 4.

(55) Maya Gadzheva 2008, 'Privacy in the age of transparency: The new vulnerability of the individual', *Social Science Computer Review*, 26:1, 62.

(56) Oscar Gandy 1993, *The Panoptic Sort: A Political Economy of Personal Information, Boulder*, CO: Westview.

(57) Jason Pridmore 2008, Loyal Subjects? Consumer Surveillance in the Personal Information Economy. PhD dissertation, Queen's University, Kingston, Ontario. も参照。

(58) E.g. Gadzheva 2008; and Wright et al. 2007.

(59) 2006年から07年にかけて、クイーンズ大学で行われた国際調査について詳しくは、Elia Zureik with Emily Smith, Lynda Harling-Stalker and Shannon Yurke 2006, 'International surveillance and privacy opinion research', The Surveillance Project, Queen's University, Kingston, Ontario, 13 November, *www.surveillanceproject.org/research/intl_survey*, accessed 31 December 2008. で利用可能。

(60) Salter 2003, 20.

(61) 例えば、パレスチナ占領地区とイスラエルを横切っていくアレンビーの議論は、Elia Zureik 2001, 'Constructing Palestine through surveillance practices', *British Journal of Middle Eastern Studies*, 8:2, 205-8: and in Weizman 2007. を参照。

(62) Michel Foucault 1978, *The History of Sexuality*, vol. 1, New York: Vintage, 138-40.

(63) Galloway 2004, 16.

(64) Mark Poster 2005, 'Hardt and Negri's information empire: A critical response', *Cultural Politics*, 1:1, 110.

(65) Poster 2005, 112.

第5章　ボディ・バッジ

(1) Irma van der Ploeg 2005, *The Machine-Readable Body*, Maastricht: Shaker, 78.

(2) Ellen Nakashima 2007, 'FBI prepares vast database of biometrics', *Washington Post*, 22 December, A01, available at *www.washingtonpost. com/wp-dyn/content/article/2007/12/21/AR2007122102544_pf.html*, accessed 2 January 2009.

(3) Owen Bowcott 2008, 'FBI wants instant access to British identity data', *The Guardian*, 16 January, available at *www.guardian.co.uh/print/0E332065468-105744,00.html*, accessed 2 January 2009.

(4) Louise Amoore 2008, 'Governing by identity', in Colin J. Bennett and David Lyon, eds, *Playing the Identity Card: Surveillance, Security and Identification in Global Perspective*, London and New York: Routledge.

(5) See contributions to Jane Caplan and John Torpey, eds, 2001, *Documenting Individual Identity*, Princeton: Princeton University Press.

(6) 法律的な観点からは、M.G. Milone 2001, 'Biometric surveillance: Searching for

identity', *Business Lawyer,* 57:1, 497-513. を参照。

(7) CNN 2002, 'Schiphol back eye scan security', available at *http://archives.cnn.com/2002/WORLD/europe/03/27/schiphol.security/index.html*, accessed 2 January 2009.

(8) 'People "can't wait for ID cards"', BBC News, 7 November 2008, available at http://news.bbc.co.uk/2/hi/uk_news/politics/7712275.stm, accessed 2 January 2009.

(9) David Lyon 2003a, 'Airports as data filters: Converging surveillance systems after September 11', *Information, Communication and Ethics in Society*, 1:1, 13-20. See also Peter Adey 2007, '"May I have your attention": Airport geographies of spectatorship, position and (im)mobility', *Environment and Planning D: Society and Space,* 25, 516-36; and Mark Salter, ed., 2008, *Politics at the Airport,* Minneapolis: University of Minnesota Press.

(10) Jeffrey M. Stanton 2008, 'ICAO and the biometric RFID passport: History and analysis', in Colin J. Bennett and David Lyon, eds, *Playing the Identity Card: Surveillance, Security and Identification in Global Perspective*, London and New York: Routledge. を参照。

(11) Elia Zureik with Karen Hindle 2005, 'Governance, security and technology: The case of biometrics', *Studies in Political Economy*, 73, 113-37; and Kelly Gates 2008, 'Biometrics and post-9/11 technostalgia', *Social Text,* 83, 35-54.

(12) Angus Reid Global Monitor 2007, 'Canadians open to national ID card', available at- *www.angus-reid.com/polls/view/16691*, accessed 2 January 2009. この数字は、2006年に行われたＧＰＤ調査ではかなり低い。ただ質問が、データベースと関連付けられて変更されている。（第２章参照）。

(13) Lucas Introna and David Wood 2004, 'Picturing algorithmic surveillance: The politics of facial recognition systems', *Surveillance and Society,* 2:2-3, 177-98.

(14) Dean Wilson 2008, 'Australian biometrics and global surveillance', *International Criminal Justice Review,* 17:3, 207-19.

(15) Jeremy Wickins 2007, 'The ethics of biometrics: The risk of social exclusion from the widespread use of electronic identification', *Science and Engineering Ethics,* 13, 45-54; Lucas Introna 2005, 'Disclosive ethics and information technology: Disclosing facial recognition systems', *Ethics and Information Technology,* 7, 75-86; Philip E. Agre 2003, 'Your face is not a bar code: Arguments against automatic face-recognition in public places', available at http://polaris.gseis.ucla.edu/pagre/bar-code.html, accessed 2 January 2009.

(16) Heather Murray 2007, 'Monstrous play in negative spaces: Illegible bodies and the cultural construction of biometric technology', *The Communication Review,* 10:4, 347-65.

(17) National ID 2005, 'Survey Part One: National ID – Europe', *Biometric Technology Today*, 2007, October, available at *www.sciencedirect.com/science&_ob=ArticleURL&_udi=B6W70-4PMSV7V-M&_user=10&_rdoc=1&_fmt=&_orig=search&_sort=d&view=c&acct=0000050221&_version=1&_*

urlVersion=0&_userid=10&md5=baefaab9073f8032fd3fa6be 18332706, accessed 2 January 2009.

(18) 例えば Ann Cavoukian and Alex Stoianov 2007, *Biometric Encryption,* Toronto: IPC, available at *www.ipc.on.ca/images/Resources/up-1bio_encryp.pdf,* accessed 2 January 2009. を参照。

(19) See, e.g., Roger Clarke 2002, 'Biometrics' inadequacies and threats, and the need for regulation', available at *www.anu.edu.au/people/Roger.Clarke/DV/BiomThreats.html,* accessed 2 January 2009.

(20) Benjamin Weiser 2004, 'Can prints lie? Yes, man finds to his dismay', *New York Times,* 31 May, available at *query.nytimes.com/gst/fullpage.html?res=9D07EED91F3EF932A05756C0A9629C8B63&n=Top/Reference/Times%20Topics/People/WIWeiser,%20Benjamin,* accessed 2 January 2009.

(21) Weiser 2004.

(22) Adey 2007; see also Salter 2008.

(23) Introna 2005, 77.

(24) Introna 2005, 85.

(25) See *www.ibia.org/aboutibia.*

(26) European Communities 2005, *Biometrics at the Frontiers: Assessing the Impact on Society,* available at *http://ec.europa.eu/justice home/doccentre/freetravel/doc/biometrics_eur21585_en.pdf,* accessed 2 January 2009.

(27) E.g. Privacy International 2004, 'Files and biometric identifiers on more than a billion passengers to be computerised and shared globally by 2015', media release, available at *www.privacyinternational.org/article.shtml?cmd%5B347%5D=x-347-62397,* accessed 2 January 2009; EPIC 2006, 'Biometric identifiers', available at *www.epic.org/privacy/biometrics,* accessed 2 January 2009; Shoshana Magnet 2007, 'Are biometrics race-neutral?', 5 June, available at *www.anonequity.org/weblog/archives/2007/06/are_biometrics_raceneutral.php,* accessed 2 January 2009; and Liberty and Security 2006, *Trends in Biometrics,* available at *www.libertysecurity.org/article1191.html,* accessed 2 January 2009.

(28) Liberty and Security 2006, 1.

(29) See also Juliet Lodge, ed., 2007, *Are You Who You Say You Are? The EU and Biometric Borders,* Nijmegen: Wolf Legal Publishers.

(30) Murray 2007; Wilson 2008; and Zureik with Hindle 2005.

(31) Of course one could cite parallel problems in related areas such as CCTV. See, e.g., Benjamin Goold 2004, *CCTV and Policing: Public Area Surveillance and Police Practices in Britain,* Oxford: Oxford University Press, 20-39.

(32) Patrick O'Neil 2005, 'Complexity and counter-terrorism: Thinking about biometrics', *Studies in Conflict and Terrorism,* 28, 547-66.

(33) See Vincent Mosco 2004, *The Digital Sublime: Myth, Power and Cyberspace,* Cambridge, MA: MIT Press.

(34) Naomi Klein 2007, *The Shock Doctrine: The Rise of Disaster Capitalism,* Toronto: Knopf Canada, 339-69.

(35) O'Neil 2005, 559.

(36) Amitai Etzioni 2002, 'You'll love those national ID cards', *Christian Science Monitor*, 14 January, available at *www.csmonitor.com/2002/0114/ p11s1-coop.html*, accessed 2 January 2009.

(37) 英国でのＩＤカードに提案に対するＬＳＥの批判点の一つは、完全な試行に先立ってバイオメトリクス・システムが採用されたことである。LSE 2005, *The Identity Project*, London: LSE Department of Information Systems.

(38) 例えば Benjamin Muller2004, '(Dis)Qualifiedbodies: Securitization, citizenship and identity management', *Citizenship Studies*, 8:3, 279-94. を参照。

(39) Lucy Suchman 1993, 'Do categories have politics?', *Computer-Supported Cooperative Work*, 2:3, 177-90.

(40) Geoffrey Bowker and Susan Leigh Star 1999, *Sorting Things Out: Classification and Its Consequences*, Cambridge, MA: MIT Press, 70.

(41) Simon Cole 2001, *Suspect Identities: A History of Fingerprinting and Criminal Identification*, Cambridge, MA and London: Harvard University Press, 166.

(42) EDPS 2007, *Summary Report of the European Data Protection Supervisor on the Eurodac Audit*, 2006, available at *www.libertysecurity.org/IMG/pdf07-11-09_Eurodaca_udit_summary_EN.pdf*, accessed 2 January 2009.

(43) 例えば Irma van der Ploeg 1999, 'The illegal body: "Eurodac" and the politics of biometric identification', *Ethics and Information Technology*, 1:4, 295-302. を参照。

(44) See, e.g., Magnet 2007.

(45) the Australian case: Wilson 2008. も参照。

(46) Magnet 2007, n. 45.

(47) Shoshana Magnet 2008, 'Bio-benefits: Technologies of criminalization, biometrics and the welfare system', in Sean Hier and Joshua Greenberg, eds, *Surveillance and Social Problems*, Halifax: Fernwood.

(48) Robin Rogers-Dillon 2004, *The Welfare Experiments: Politics and Policy Evaluation*, Stanford: Stanford Law and Politics.

(49) Joseph Pugliese 2005, 'In silico race and the heteronomy of biometric proxies: Biometrics in the context of civilian life, border security and counter-terrorism laws', *The Australian Feminist Law Journal*, 23, 1-32.

(50) Agre 2003.

(51) Van der Ploeg 2005, 79f.

(52) Michel Foucault 1976, *The History of Sexuality*, vol. 1, New York: Vintage.

(53) Ian Hacking 1982, 'Biopower and the avalanche of printed numbers', *Humanities in* Society, 5, 279-95. も参照。

(54) Van der Ploeg 2005, 83.

(55) Richard Ericson and Kevin Haggerty 1997, *Policing the Risk Society*, Toronto: University of Toronto Press, 90. を参照。

(56) Van der Ploeg 2005.

(57) Katherine Hayles 1992, *How We Became Posthuman: Virtual Bodies in Cyberspace*, Literature and Informatics, Chicago: University of Chicago Press.

(58) Van der Ploeg 2005, 94.

(59) ついでに言うと、同様の問題はRFIDチップの埋め込みや、特殊な場合だと執行猶予中の被告や手錠を掛けられた被告へのGPS装置——身元を特定し、特定された身元の現在位置を把握するため——の埋め込みに関連して提起されることは銘記すべきことである。

(60) Hayles 1992.

(61) 例えばDonald MacKay 1969, *Information, Mechanism and Meaning*, Cambridge, MA: MIT Press.

(62) David Lyon 2001, *Surveillance Society: Monitoring Everyday Life*, Buckingham: Open University Press, chap. 1.

(63) Van der Ploeg 2005, chap. 3.

(64) Lyon 2001, chap. 1.

(65) James Scott 1998, *Seeing Like a State: How Certain Schemes to Improve the Human Condition Have Failed*, New Haven: Yale University Press.

(66) Kevin Haggerty and Richard Ericson 2000, 'The surveillant assemblage', *British Journal of Sociology*, 51:4, 605-22.

(67) Paul Ricoeur 1992, *Oneself as Another*, Chicago: University of Chicago Press, 23; see also Lyon 2001, 162.

(68) Ricoeur 1992, 23.

(69) Ayse Ceyhan 2008, 'Technologization of security: Management of uncertainty and risk in an age of biometrics', *Surveillance and Society*, 5:2, 102-23. も参照。

(70) Clive Norris 2006, Expert Report: Criminal Justice, in *A Report on the Surveillance Society*, London: Office of the Information Commissioner.

(71) James Randerson, 'DNA of 37% of black men held by police', The Guardian, 5 January, available at *www.guardian.co.uk/world/2006/jan/05/race.ukcrime*, accessed 2 January 2009.

(72) Dorothy Nelkin and Lori Andrews 2003, 'Surveillance creep in the genetic age', in David Lyon, ed., *Surveillance as Social Sorting*, London and New York: Routledge, 108. に引用。

(73) Kenneth R. Foster and Jan Jaeger 2007, 'RFID inside', *IEEE Spectrum*, March, available at *www.spectrum.ieee.org/mar07/4939*, accessed 2 January 2009.

(74) van der Ploeg 2005. を参照。

(75) 例えばthe work of the European Court of Human Rights 2005, *Progress Report on the Application of the Principles of Convention 108 to the Collection and Processing of Biometric Data*, available at *www.coe.int/t/e/legal_affairs/legal_co-operation/data/data-protection/documents/reports-andstudies_of_data-protection_committees/2O-Biometrics(2005)_en.asp*, accessed 2 January 2009. を参照。

第6章　サイバー市民

(1) the Open Society summary at *www justiceinitiative.org/db/resource2?res_id=103920*, accessed 2 January 2009. を参照。

(2) Amira Hass 2007, 'The yearnings for a magnetic card', Haaretz, 9 May, available at *www.haaretz.com/hasen/spages/857291.html,* accessed 2 January 2009. を参照。

(3) Simon Szreter 2007, 'The right of registration: Development, identity registration, and social security - a historical perspective', *World Development,* 35:1, 67-86.

(4) Benjamin Muller 2006, '(Dis) Qualified bodies: Securitization, citizen-ship and identity management', *Citizenship Studies*, 8:3, 279-94.

(5) Muller 2006, 290.

(6) Kelly Gates 2008, 'The United States Real ID Act and the securitization of identity', in Colin J. Bennett and David Lyon, eds, *Playing the Identity Card: Surveillance, Security and Identification in Global Perspective,* London and New York: Routledge.

(7) このフレーズは、Anthony Giddens 1990, The Consequences of Modernity, Cambridge: Polity, 26 からのもの。Gates 2008, 219, でも引用されており、私自身も David Lyon 2001, *Surveillance Society: Monitoring Everyday Life,* Buckingham: Open University Press. で、監視という文脈で議論を行った。

(8) 例えば、the discussion in Barry Hague and Brian Loader 1999, *Digital Democracy: Discourse and Decision Making in the Digital Age, London* and New York: Routledge. における議論を参照。

(9) Engin Isin 2002, Being Political, Minneapolis: University of Minnesota Press, 51.

(10) Bryan Turner, ed., 1993, *Citizenship and Social Theory*, London: Sage, 12を参照。

(11) 例えば、Christiana Van Houten 1991, *The Alien in Biblical Law*, Sheffield: Sheffield Academic Press; and Nick Spencer 2004, *Asylum and Immigration: A Christian Perspective on a Polarised Debate*, Milton Keynes: Paternoster Press, 88-9. を参照。

(12) Engin Isin and Bryan Turner 2007, 'Investigating citizenship: An agenda for citizenship studies', *Citizenship Studies*, 11:1, 5-17.

(13) 例えば John Gilliom 2001, *Overseers of the Poor*, Chicago: University of Chicago Press. を参照。

(14) Gerard Delanty 2000, *Citizenship in a Global Age: Society; Culture, Politics,* Buckingham: Open University Press.

(15) Valentin Groebner 2007, *Who Are You? Identification, Deception and Surveillance in Early Modern Europe*, New York: Zone Books, 255.

(16) Zygmunt Bauman 1998a, *Globalization: The Human Consequences*, Cambridge: Polity.

(17) Zygmunt Bauman 2000, *Liquid Modernity,* Cambridge: Polity, 40.

(18) Turner 1993. を参照。

(19) Bauman 2000, 40.

(20) David Garland 2001, *The Culture of Control,* Chicago: University of Chicago Press, 193.

(21) Didier Bigo and Elspeth Guild 2005, 'Policing at a distance: Schengen to visa

policies', in Didier Bigo and Elspeth Guild, eds, *Controlling Frontiers: Free Movement into and within Europe*, London: Ashgate.

(22) キース・ブレッケンリッジは、相互運用性が目標として実行不可能ではないかと警告している。Breckenridge 2008, 'The elusive panopticon: The HANIS project and the politics of standards in South Africa', in Colin J. Bennett and David Lyon, eds, *Playing the Identity Card: Surveillance, Security and Identification in Global Perspective,* London and New York: Routledge.

(23) Bauman 1998a.

(24) Alan Travis 2003, 'ID cards to cut asylum abuses', *The Guardian,* 23 May, available at *www.guardian.co.uk/politics/2003/may/23/immigration.immigrationandpublicservices,* accessed 5 January 2009. に引用されている。

(25) Isin and Turner 2007, 10.

(26) Isin and Turner 2007.

(27) Groebner 2007, 258.

(28) Irma van der Ploeg 2005, *The Machine-Readable Body*, Maastricht: Shaker, 133.

(29) David Wright, Serge Gutwirth, Michael Friedewald, Elena Vildjiounaite and Yves Punie, eds, 2007, *Safeguards in a World of Ambient Intelligence*, New York: Springer. を参照。

(30) Muller 2004. も参照。

(31) Didier Bigo 2004, 'Globalized in-security: The field of the professionals of unease management and the ban-opticon', *Traces: A Multilingual Journal of Cultural Theory,* 4, 1-33.

(32) Zygmunt Bauman 1998b, *Work, Consumerism and the New Poor*, Buckingham: Open University Press.

(33) バウマン（Bauman 1993, *Postmodern Ethics*, Oxford and Cambridge, MA: Blackwell）はレヴィナスを使っているが、レヴィナスの言う「大文字の他者」の超越的な次元については無視しているようだ。レヴィナスはまた、「大文字の他者の無限性」を倫理学の適切な出発点として認識すべきだとも主張している。それがなければおそらく、「リキッド・モダニティ」の特徴である自足的な消費主義や、国防に依存した恐怖の文化に、抵抗することは難しいのではないか。

(34) http://cpsr.org/issues/pd/, accessed 5 January 2009. を参照。

(35) Colin J. Bennett 2008, *The Privacy Advocates: Resisting the Spread of Surveillance,* Cambridge, MA: MIT Press. を参照。

(36) Pierre Piazza and Laurent Laniel 2008, 'The INES biometric card and the politics of national identity assignment in France', in Colin J. Bennett and David Lyon, eds, *Playing the Identity Card: Surveillance, Security and Identification in Global Perspective,* London and New York: Routledge. を参照。

(37) Midori Ogasawara 2008, 'A tale of the colonial age or the banner of a new tyranny: National identification card systems in Japan', in Colin J. Bennett and David Lyon, eds, *Playing the Identity Card: Surveillance, Security and Identification in Global Perspective,* London and New York: Routledge; and David Murakami Wood, David Lyon and Kiyoshi Abe 2007, 'Surveillance in urban Japan:

An introduction', *Urban Studies*, 43:3, 551-68. を参照。

(38) Ryan Singel 2008, 'New Real ID rules to shut down nation's airports in May?', Wired, 11 January, available at blog.wired.com/27bstroke6/2008/01/new-real-id-rul.html, accessed 5 January 2009.

(39) Andrew Clement, Krista Boa, Simon Davies and Gus Hosein 2008, 'Towards national ID policies for Canada: Federal initiatives and alternative principles', in Colin J. Bennett and David Lyon, eds, *Playing the Identity Card: Surveillance, Security and Identification in Global Perspective*, London and New York: Routledge.

(40) 例えば、*epic.org/privacy/id-cards/* or *www.ico.gov.uk/about_us/news-and_views//current-topics/identity_cards.aspx* for some useful updated information on ID card systems (accessed 5 January 2009). を参照。

(41) See *www.privcom.gc.ca/media/nr*-c/2008/nr-c_*080205_e.asp,* accessed 5 January 2009. を参照。

(42) Bennett 2008.

(43) Darin Barney 2000, *Prometheus Wired: The Hope for Democracy in the Age of Network Technology*, Vancouver: UBC Press, chapter 7. を参照。

(44) Michael Edwards 2004, *Civil Society,* Cambridge: Polity.

(45) このコメントは、入国申請者がウソをつく可能性を排除するものではない。まずはその人の語る物語に共感をもって耳を傾けるべきだ、というのが私の主張である。「自由裁量」は諸刃の剣であり、ある種の入国希望者については拒否をするという対応を否定するものではない。

(46) これについては、身元特定手段の寡占化として、第３章で論じた。

(47) See Richard Jones 2000, 'Digital rule', *Punishment and Security*, 2:1, 5-22. を参照。

(48) Garland 2001.

(49) Gilles Deleuze 1992, 'Postscript on the societies of control', *October,* 59, 3-7.

(50) アパルトヘイト下の南アフリカ共和国における「整除ならびに排除」についての、Geoffrey Bowker and Susan Leigh Star 1999, *Sorting Things Out: Classification and Its Consequences*, Cambridge, MA: MIT Press. におけるコメントを参照。

(51) Dean Wilson 2006, 'Biometrics, borders and the ideal suspect', in Sharon Pickering and Leanne Weber, eds, Borders, *Mobility and Technologies of Control*, Berlin: Springer-Verlag.

訳注

(1) RFID　Radio Frequency Identification の略。集積回路（IC）を埋め込んだタグから無線通信を行い、人や物を識別する情報を発信するもの。厳密には同義ではないが、日本では「無線タグ」との名称で呼ばれることもある。

(2) ニューフランス　北米大陸におけるフランスの植民地のことで、フランス語では「ヌーヴェル・フランス」。イギリスに押されて縮小を余儀なくされるが、現在でもカナダのケベック州でフランス語が公用語となるなど、一定の文化的な影響を残している。

(3) ケープ植民地　1652 年、オランダ東インド会社が、現在の南アフリカ共和国西部地域に作った植民地。1795 年にはイギリス領となり、1910 年に南アフリカ連邦が樹立されるまで持続した。

(4) イースト・ジャージー　米国で 1642 年から 1702 年まで存在した、イギリスの植民地。現在のニュージャージー州の東部にあたる。

(5) データ・マイニング　大量のデータから意味ある情報を抽出する技術。マイニングとは、鉱山から鉱物資源を掘り出すことを言う。

参考文献

Abercrombie, Nicholas, Stephen Hill and Bryan Turner (1986) *Sovereign Individuals of Capitalism*, London: Allen and Unwin.

Abu-Zahra, Nadia (2007) 'IDs and territory: Population control for resource expropriation', in Deborah Cowen and Emily Gilbert, eds, *War, Citizenship, Territory,* London: Taylor and Francis.

Adey, Peter (2007) '"May I have your attention": Airport geographies of spectatorship, position and (im)mobility', *Environment and Planning D: Society and Space*, 25, 516-36.

Agamben, Giorgio (1997) *State of Exception*, Chicago: University of Chicago Press.〔ジョルジョ・アガンベン『例外状態』上村忠男，中村勝己訳，未來社，2007〕

Agar, Jon (2001) '"Modern horrors": British identity and identity cards', in Jane Caplan and John Torpey, eds, *Documenting Individual Identity*, Princeton: Princeton University Press.

Agar, Jon (2005) 'Identity cards in Britain: Past experience and policy implication', *History and Policy*, Policy Paper 33, November, available at *www.historyandpolicy.org/archive/policy-paper-33.html,* accessed 18 December 2008.

Agre, Philip E. (2003) 'Your face is not a bar code: Arguments against automatic face-recognition in public places', available at *http://polaris.gseis,ucla.edu/pagre/bar-code.html,* accessed 2 January 2009.

Amoore, Louise (2007) 'Vigilant visualities: The watchful politics of the war on terror', *Security Dialogue,* 38:2, 139-56.

Amoore, Louise (2008) 'Governing by identity', in Colin J. Bennett and David Lyon, eds, *Playing the Identity Card: Surveillance, Security and Identification in Global Perspective, London* and New York: Routledge.

Amoore, Louise and Marieke de Goede (2005) 'Governance, risk and dataveillance in the war on terror', *Crime, Law and Social Change,* 43, 149-73.

Ball, Kirstie, Elizabeth Daniel, Sally Dibb and Maureen Meadows (2009) 'Democracy, surveillance and "knowing what's good for you": The private sector origins of profiling and the birth of "citizen relationship management"', in Kevin Haggerty and Minas Samatas, eds, *Surveillance and Democracy*, London and New York: Routledge.

Ball, Kirstie and Frank Webster, eds (2003) *The Intensification of Surveillance*, London: Pluto.

Barney, Darin (2000) *Prometheus Wired: The Hope for Democracy in the Age of Network Technology*, Vancouver: UBC Press.

Barry, Andrew (2001) *Political Machines: Governing a Technological Society*, New

York: Athlone Press.

Bauman, Zygmunt (1991) *Modernity and the Holocaust*, Cambridge: Polity.〔ジークムント・バウマン『近代とホロコースト』 森田典正訳，大月書店，2006〕

Bauman, Zygmunt (1993) *Postmodern Ethics*, Oxford and Cambridge, MA: Blackwell.

Bauman, Zygmunt (1998a) *Globalization: The Human Consequences*, Cambridge: Polity.

Bauman, Zygmunt (1998b) *Work, Consumerism and the New Poor*, Buckingham: Open University Press.〔ジグムント・バウマン『新しい貧困：労働、消費主義、ニュープア』伊藤茂訳，青土社，2008〕

Bauman, Zygmunt (2000) *Liquid Modernity*, Cambridge: Polity.〔ジークムント・バウマン『リキッド・モダニティ：液状化する社会』森田典正訳，大月書店，2001〕

Bauman, Zyginunt (2004) *Identity*, Cambridge: Polity.〔ジグムント・バウマン『アイデンティティ』伊藤茂訳，日本経済評論社，2007〕

Beck, Adrian and Kate Broadhurst (1998) 'Compulsion by stealth: Lesson from the European Union on the use of national identity Cards', *Public Administration*, 76, 779-92.

Bediako, Kwame (1992) *Theology and Identity*, Oxford: Regnum Books.

Benhabib, Selya (2004) *The Rights of Others: Aliens, Residents and Citizens*, Cambridge and New York: Cambridge University Press.〔セイラ・ベンハビブ『他者の権利：外国人・居留民・市民』向山恭一訳，法政大学出版局，2006〕

Bennett, Colin J. (2006) 'What happens when you buy an airline ticket?', in Kevin Haggerty and Richard Ericson, eds, *The New Politics of Surveillance and Visibility*, Toronto: University of Toronto Press.

Bennett, Colin J. (2008) *The Privacy Advocates: Resisting the Spread of Surveillance*, Cambridge, MA: MIT Press.

Bigo, Didier (2004) 'Globalized in-security: The field of the professionals of unease management and the ban-opticon', *Traces: A Multilingual Journal of Cultural Theory*, 4, 1-33.

Bigo, Didier and Elspeth Guild (2005) 'Policing at a distance: Schengen to visa policies', in Didier Bigo and Elspeth Guild, eds, *Controlling Frontiers: Free Movement into and within Europe*, London: Ashgate.

Black, Edwin (2001) *IBM and the Holocaust*, New York: Crown.〔エドウィン・ブラック『IBMとホロコースト：ナチスと手を結んだ大企業』小川京子訳，宇京頼三監修，柏書房，2001〕

Bowker, Geoffrey and Susan Leigh Star (1999) *Sorting Things Out: Classification and Its Consequences*, Cambridge, MA: MIT Press.

Breckenridge, Keith (2005) 'The biometric state: The promise and peril of digital government in the New South Africa', *Journal of South African Studies*, 31:2, 267-82.

Breckenridge, Keith (2008) 'The elusive panopticon: The HANIS project and the politics of standards in South Africa', in Colin J. Bennett and David Lyon, eds, *Playing the Identity Card: Surveillance, Security and Identification in Global*

Perspective, London and New York: Routledge.

Broeders, Dennis (2007) 'The new digital borders of Europe: EU databases and the surveillance of irregular migrants', *International Sociology*, 22:1, 71-92.

Browne, Simone (2007) Trusted Travelers: The Identity-Industrial Complex, Race and Canada's Permanent Resident Card, PhD dissertation, Toronto: UT-OISE.

Caplan, Jane and John Torpey, eds (2001) *Documenting Individual Identity*, Princeton: Princeton University Press.

Cavoukian, Ann (2006) *7 Laws of Identity*, Toronto: IPC.

Cavoukian, Ann and Alex Stoianov (2007) *Biometric Encryption*, Toronto: IPC, at www.ipc.on.ca/images/Resources/up-1bio_encryp.pdf, accessed 2 January 2009.

Ceyhan, Ayse, ed. (2007) *Identifier et surveiller: Les technologies de securite, Paris:* L' Harmattan (Cultur et Conflits 64).

Ceyhan, Ayse (2008) 'Technologization of security: Management of uncertainty and risk in an age of biometrics', *Surveillance and Society,* 5:2, 102-23.

Clarke, Roger (1988) 'Information technology and dataveillance', *Communications of the ACM,* 31:5, 498-512.

Clarke, Roger (1997) 'Chip-based ID: Promise and peril?', available at *www.anu.edu.au/people/Roger.Clarke/DV/IDCards97.html,* accessed 8 November 2008.

Clarke, Roger (2002) 'Biometrics' inadequacies and threats, and the need for regulation', available at *www.anu.edu.au/people/Roger.Clarke/DV/BiomThreats.html,* accessed 2 January 2009.

Clarke, Roger (2006a) 'National identity cards? Bust the myth of security uber alles!', 28 January, available at *www.anu.edu.au/people/Roger.Clarke/DV/NatID-BC-0602.html,* accessed 22 December 2008.

Clarke, Roger (2006b) 'National identity schemes: The elements', 8 February, available at *www.anu.edu.au/people/Roger.Clarke/DV/NatIDSchemeElms.html,* accessed 19 December 2008.

Clement, Andrew, Krista Boa, Simon Davies and Gus Hosein (2008) 'Towards national ID policies for Canada: Federal initiatives and alternative principles', in Colin J. Bennett and David Lyon, eds., *Playing the Identity Card: Surveillance, Security and Identification in Global Perspective*, London and New York: Routledge.

Cole, Simon (2001) *Suspect Identities: A History of Fingerprinting and Criminal Identification,* Cambridge, MA and London: Harvard University Press.

Colley, Linda (1996) *Britons: Forging the Nation 1707-1837,* London: Vintage.〔リンダ・コリー『イギリス国民の誕生』川北稔監訳，名古屋大学出版会，2000〕

Connolly, William (1991) *Identity/Difference: Democratic Negotiations of Political Paradox,* Minneapolis: University of Minnesota Press.〔ウィリアム・E. コノリー『アイデンティティ＼差異：他者性の政治』杉田敦，齋藤純一，権左武志訳，岩波書店，1998〕

Crosby, James (2008) *Challenges and Opportunities in Identity Assurance,* London: HMSO.

Damani, Ernesto, Sabrina De Capitani di Vimercati and Pierangela Samarati (2003) 'Managing multiple and dependable identities', *IEEE Internet Computing*, 7:6, 29-37, available at *spdp.dti.unimi.it/papers/RI-5.pdf*, accessed 2 February 2009.

Dandeker, Christopher (1990) *Surveillance, Power and Modernity*, Cambridge: Polity.

Das, Veena and Deborah Poole, eds (2004) *Anthropology in the Margins of the State*, New Delhi: Oxford University Press.

Delanty, Gerard (2000) *Citizenship in a Global Age: Society, Culture, Politics*, Buckingham: Open University Press.〔ジェラード・デランティ『グローバル時代のシティズンシップ：新しい社会理論の地平』佐藤康行訳，日本経済評論社，2004〕

Deleuze, Gilles (1992) 'Postscript on the societies of control', October, 59,3-7.〔ジル・ドゥルーズ『記号と事件』所収「追伸――管理社会について」宮林寛訳，河出文庫，2007〕

Dillon, Michael (2002) 'Network-centric warfare and the state of emergency', *Theory, Culture and Society*, 19:4, 71-9.

Dodge, Martin and Rob Kitchen (2005) 'Codes of life: Identification codes and the machine-readable world', *Environment and Planning D: Society and Space*, 23, 851-81.

Dreyfus, Herbert L. and Paul Rabinow (1982) *Michel Foucault: Beyond Structuralism and Hermeneutics*, Chicago: University of Chicago Press.〔ヒューバート・L・ドレイファス，ポール・ラビノウ『ミシェル・フーコー：構造主義と解釈学を超えて』山形頼洋ほか訳，筑摩書房，1996〕

EDPS (2007) *Summary Report of the European Data Protection Supervisor on the Eurodac Audit*, 2006, available at *www.libertysecurity.org/IMG/pdf_07-11-09_Eurodac_audit_summary_EN.pdf*, accessed 2 January 2009.

EPIC (2006) 'Biometric identifiers', available at *www.epic.org/privacy/biometrics*, accessed 2 January 2009.

Ericson, Richard (2007) *Crime in an Insecure World*, Cambridge: Polity.

Ericson, Richard and Kevin Haggerty (1997) *Policing the Risk Society*, Toronto: University of Toronto Press.

Etzioni, Amitai (2002) 'You'll love those national ID cards', *Christian Science Monitor*, 14 January, available at *www.csmonitor.com/2002/0114/p11s1-coop.html*, accessed 2 January 2009.

European Communities (2005) *Biometrics at the Frontiers: Assessing the Impact on Society*, available at ec.europa.eu/justice_home/doc_centre/freetravel/doc/biometrics_eur21585 en.pdf, accessed 2 January 2009.

European Court of Human Rights (2005) *Progress Report on the Application of the Principles of Convention 108 to the Collection and Processing of Biometric Data*, available at *www.coe.int/t/e/legal_affairs/legal_co-operation/data/data-protection/documents/reports_and_studies_of_data-protec-tion_committees/2O-Biometrics(2005)_en.asp*, accessed 2 January 2009.

Feely, Malcom M. and Jonathan Simon (2006) 'The new penology: Notes on the emerging strategy of corrections and its implications', *Criminology*, 30:4, 449-74.

Finn, Jonathan (2005) 'Photographing fingerprints: Data collection and the state', *Surveillance and Society,* 3:1, 21-44.

Foucault, Michel (1978) *The History of Sexuality,* vol. 1, New York: Vintage.〔ミシェル・フーコー『性の歴史１：知への意思』渡辺守章訳，新潮社 , 1986〕

French, Martin (2007) 'In the shadow of Canada's camps', *Social and Legal Studies,* 16:1, 49-69.

Frieberg, Anne (2006) *Virtual Window,* Cambridge, MA: MIT Press.

Frois, Caterina (2008) 'Personal databases and surveillance in Portugal: Analysis of a transitional process', Sheffield conference of the Surveillance Studies Network, April.

Gadzheva, Maya (2008) 'Privacy in the age of transparency: The new vulnerability of the individual', *Social Science Computer Review,* 26:1, 60-74.

Galloway, Alexander (2004) *Protocol: How Control Exists after Decentralization,* Cambridge, MA: MIT Press.

Gandy, Oscar (1993) *The Panoptic Sort: A Political Economy of Personal Information,* Boulder, CO: Westview.〔O・H・ガンジー Jr.『個人情報と権力：統括選別の政治経済学』江夏健一監訳，国際ビジネス研究センター訳，同文舘出版 , 1997〕

Gandy, Oscar (2006a) 'Data mining, surveillance and discrimination in the post-9/11 environment', in Kevin Haggerty and Richard Ericson, eds, *The New Politics of Surveillance and Visibility,* Toronto: University of Toronto Press.

Gandy, Oscar (2006b) 'Quixotics unite! Engaging the pragmatists on rational discrimination', in David Lyon, ed., *Theorizing Surveillance: The Panopticon and Beyond,* Cullompton, UK: Willan.

Garcelon, Marc (2001) 'Colonizing the subject: The genealogy and legacy of the Soviet internal passport', in Jane Caplan and John Torpey, eds, *Documenting Individual Identity,* Princeton: Princeton University Press.

Garland, David (2001) *The Culture of Control,* Chicago: University of Chicago Press.

Garton Ash, Timothy (1998) *The File: A Personal History,* New York: Vintage Books.〔T・ガートン・アッシュ『ファイル：秘密警察（シュタージ）とぼくの同時代史』今枝麻子訳，みすず書房 , 2002〕

Gates, Kelly (2005) 'Biometrics and post-9/11 technostalgia', *Social Text,* 83,35-54.

Gates, Kelly (2006) 'Identifying the 9/11 "faces of terror"', *Cultural Studies,* 20:4-5, 417-40.

Gates, Kelly (2008) 'The United States Real ID Act and the securitization of identity', in Colin J. Bennett and David Lyon, eds, *Playing the Identity Card: Surveillance, Security and Identification in Global Perspective,* London and New York: Routledge.

Giddens, Anthony (1987) *The Nation-State and Violence,* Cambridge: Polity.〔アンソニー・ギデンズ『国民国家と暴力』松尾精文 , 小幡正敏訳，而立書房 , 1999〕

Giddens, Anthony (1990) *The Consequences of Modernity,* Cambridge: Polity.〔アンソニー・ギデンズ『近代とはいかなる時代か？：モダニティの帰結』松尾精文 , 小

幡正敏訳，而立書房，1993〕
Gilliom, John (2001) *Overseers of the Poor,* Chicago: University of Chicago Press.
Goffman, Erving (1959) *The Presentation of Self in Everyday Life,* New York: Anchor. 〔E・ゴッフマン『行為と演技：日常生活における自己呈示』石黒毅訳，誠信書房，1974〕
Goold, Benjamin (2004) *CCTV and Policing: Public Area Surveillance and Police Practices in Britain,* Oxford: Oxford University Press.
Groebner, Valentin (2001) 'Describing the person, reading the signs in late medieval and Renaissance Europe: Identity papers, vested figures and the limits of identification', in Jane Caplan and John Torpey, eds, *Documenting Individual Identity,* Princeton: Princeton University Press.
Groebner, Valentin (2007) *Who Are You? Identification, Deception, and Surveillance in Early Modern Europe,* New York: Zone Books.
Hacking, Ian (1982) 'Biopower and the avalanche of printed numbers', Humanities in Society, 5, 279-95.
Hacking, Ian (1990) *The Taming of Chance,* Cambridge: Cambridge University Press. 〔イアン・ハッキング『偶然を飼いならす：統計学と第二次科学革命』石原英樹，重田園江訳，木鐸社，1999〕
Hacking, Ian (2002) *Historical Ontology,* Cambridge, MA: Harvard University Press.
Haggerty, Kevin and Richard Ericson (2000) 'The surveillant assemblage', *British Journal of Sociology,* 51:4, 605-22.
Haggerty, Kevin and Richard Ericson, eds (2006) *The New Politics of Surveillance and Visibility,* Toronto: University of Toronto Press.
Hague, Barry and Brian Loader, eds (1999) *Digital Democracy: Discourse and Decision Making in the Information Age,* London and New York: Routledge.
Hayles, Katherine (1999) *How We Became Posthuman: Virtual Bodies in Cyberspace, Literature and Informatics,* Chicago: University of Chicago Press.
Heidegger, Martin (1977) *The Question Concerning Technology and Other Essays,* New York: Harper Torchbooks.
Higgs, Edward (2004) *The Information State in England: The Central Collection of Information on Citizens, 1500-2000,* London: Palgrave.
Hosein, Ian (2004) 'The sources of laws: Policy dynamics in a digital and terrorized world', *The Information Society,* 20:3, 187-99.
Houck, Max (2007) *Forensic Science: Modern Methods of Solving Crime,* Westport, CT: Greenwood.
House of Commons Science and Technology Committee (2006) 'Scientific advice, risk and evidence: How government handles them', available at *www.parliament.uk/parliamentary_committees/science_and_technology_committee/sag.cfm,* accessed 22 December 2008.
Hui, Victoria (2005) *War and State Formation in Ancient China and Early Modern Europe,* Cambridge and New York: Cambridge University Press.
Introna, Lucas (2005) 'Disclosive ethics and information technology: Disclosing facial

recognition systems', *Ethics and Information* Technology, 7, 75-86.

Introna, Lucas (2007) 'Making sense of ICT, new media and ethics', in Robin Mansell, Christanthi Avgerou, Danny Quab and Roger Silverstone, eds, *The Oxford Handbook of Information and Communication Technologies,* Oxford and New York: Oxford University Press.

Introna, Lucas and David Wood (2004) 'Picturing algorithmic surveillance: The politics of facial recognition systems', *Surveillance and Society*, 2:2-3, 177-98.

Isin, Engin (2002) *Being Political*, Minneapolis: University of Minnesota Press.

Isin, Engin and Bryan Turner (2007) 'Investigating citizenship: An agenda for citizenship studies', *Citizenship Studies*, 11:1, 5-17.

Jenkins, Richard (2004) *Social Identity*, London and New York: Routledge.

Jones, Richard (2000) 'Digital rule', *Punishment and Society*, 2:1, 5-22.

Kaldor, Mary (2005) 'What is human security?', in David Held, Anthony Barnett and Caspar Henderson, eds, *Debating Globalization*, Cambridge: Polity.〔デヴィッド・ヘルド編『論争グローバリゼーション：新自由主義対社会民主主義』猪口孝訳，所収メアリー・カルドー「人間の安全保障とは何か」岩波書店 , 2007〕

Kaluzynski, Martine (2001) 'Republican identity: Bertillonage and government technique', in Jane Caplan and John Torpey, eds, *Documenting Individual Identity*, Princeton: Princeton University Press, 123-38.

Kean, Thomas H., chair (2005) *Final Report on 9/11 Commission Recommendations,* available at *www.9-1lpdp.org/press/2005-12-05_report.pdf*, accessed 29 January 2009.

Kern, Stephen (2003) *The Culture of Time and Space* (second edition), Cambridge, MA: Harvard University Press.〔スティーヴン・カーン『空間の文化史』浅野敏夫 , 久郷丈夫訳および『時間の文化史』浅野敏夫訳，ともに法政大学出版局 , 1993〕

Klein, Naomi (2007) *The Shock Doctrine: The Rise of Disaster Capitalism,* Toronto: Knopf Canada.

Langlois, Ganaele (2005) 'Networks and layers: Technocultural encodings of the World Wide Web', *Canadian Journal of Communication*, 30:4, available at *www.cjc-online.ca/viewarticle.php?id=1586,* accessed 23 December 2008.

Latour, Bruno (2005) *Reassembling the Social: An Introduction to Actor-Network-Theory, Oxford* and New York: Oxford University Press.

Lessig, Lawrence (1999) *Code and Other Laws of Cyberspace,* New York: Basic Books.〔ローレンス・レッシグ『Code：インターネットの合法・違法・プライバシー』山形浩生 , 柏木亮二訳，翔泳社 , 2001〕

Levi, Michael and David Wall (2004) 'Technologies, security and privacy in the post-9/11 European information society', *Journal of Law and Society,* 31:2, 194-220.

Lewis, Nancy (2005) 'Expanding surveillance: Connecting biometric information systems to international police cooperation', in Elia Zureik and Mark Salter, eds, *Global Surveillance and Policing*, Cullompton, UK: Willan.

Liberty and Security (2006) *Trends in Biometrics,* available at *www.libertysecurity.org/article1191.html,* accessed 2 January 2009.

Lips, Miriam, John A. Taylor and Joe Organ (2007) 'Identity management as public innovation: Looking beyond ID cards and authentication systems', in Victor J J.M. Bekkers, Hein P.M. van Duivenboden and Marcel Thaens, eds, *ICT and Public Innovation: Assessing the Modernisation of Public Administration*, Amsterdam: IOS Press.

Lodge, Juliet, ed. (2007) *Are You Who You Say You Are?* The EU and Biometric Borders, Nijmegen: Wolf Legal Publishers.

Longman, Timothy (2001) 'Identity cards, ethnic self-perception and genocide in Rwanda', in Jane Caplan and John Torpey, eds, *Documenting Individual Identity*, Princeton: Princeton University Press.

LSE (2005) *The Identity Project*, London: LSE Department of Information Systems.

Lyon, David (1994) *The Electronic Eye: The Rise of Surveillance Society*, Cambridge: Polity.

Lyon, David (2001) *Surveillance Society: Monitoring Everyday Life*, Buckingham: Open University Press.〔デイヴィッド・ライアン『監視社会』河村一郎訳，青土社，2002〕

Lyon, David (2002) 'Everyday surveillance: Computer codes and mobile Bodies', *Information, Communication and Society*, 5:2, 242-57.

Lyon, David (2003a) 'Airports as data filters: Converging surveillance systems after September 11', *Information, Communication, Ethics in Society*, 1:1, 13-20.

Lyon, David (2003b) *Surveillance after September 11*, Cambridge: Polity.〔デイヴィッド・ライアン『9・11 以後の監視：「監視社会」と「自由」』清水知子訳，明石書店，2004〕

Lyon, David, ed. (2003c) *Surveillance as Social Sorting: Privacy, Risk, and Digital Discrimination*, London and New York: Routledge.

Lyon, David (2004a) *ID Cards: Social Sorting by Database*, Issues Brief of the Oxford Internet Institute, available at *www/oii.ox.ac.uk/resources/publications/IB3all.pdf*, accessed 19 December 2008.

Lyon, David (2004b) 'Globalizing surveillance: Sociological and comparative perspectives', *International Sociology*, 19:2, 135-49.

Lyon, David (2005a) 'The border is everywhere: ID cards, surveillance and the Other', in Elia Zureik and Mark Salter, eds, Globalizing *Surveillance: Borders, Security and Identity*, Cullompton, UK: Willan.

Lyon, David (2005b) 'A sociology of information', in Craig Calhoun, Chris Rojek and Bryan Turner, eds, *A Handbook of Sociology*, London and New York: Sage.

Lyon, David (2006a) 'Airport screening, surveillance and social sorting: Canadian responses to 9/11 in context', *Canadian Journal of Criminology and Criminal Justice*, 48:3, 397-411.

Lyon, David (ed.) (2006b) *Theorizing Surveillance: The Panopticon and Beyond*, Cullompton, UK: Willan.

Lyon, David (2007) *Surveillance Studies: An Overview*, Cambridge: Polity.

Lyon, David (2009) 'National ID card systems and social sorting: International public

opinion', in Elia Zureik, Lynda Harling-Stalker, Emily Smith, David Lyon and Yolande E. Chan, eds, *Privacy and Surveillance: International Survey*, Montreal and Kingston: McGill-Queen's University Press.

Lyon, David and Colin J. Bennett (2008) 'Introduction' to Colin J. Bennett and David Lyon, eds, *Playing the Identity Card: Surveillance, Security and Identification in Global Perspective,* London and New York: Routledge.

Lyon, David and Felix Stalder (2003) 'ID cards and social classification', in David Lyon, ed., *Surveillance as Social Sorting: Privacy, Risk, and Digital Discrimination,* London and New York: Routledge.

MacKay, Donald (1969) *Information, Mechanism and Meaning*, Cambridge, MA: MIT Press.

MacPherson, C.B. (1962) *The Political Theory of Possessive Individualism: Hobbes to Locke,* Oxford: Oxford University Press.

Magnet, Shoshana (2007) 'Are biometrics race-neutral?', 5 June, available at *www.anonequity.org/weblog/archives/2007 /06/are_biometrics_raceneutral.php*, accessed 2 January 2009.

Magnet, Shoshana (2008) 'Bio-benefits: Technologies of criminalization, biometrics and the welfare system', in Sean Hier and Josh Greenberg, eds, *Surveillance and Social Problems,* Halifax: Fernwood.

Marshall, T.H. (1950) *Citizenship and Social Class*, Cambridge: Cambridge University Press.〔T・H・マーシャル，トム・ボットモア『シティズンシップと社会的階級：近現代を総括するマニフェスト』岩崎信彦，中村健吾訳，法律文化社，1993〕

Marx, Gary T. (2006) 'Varieties of personal information as influences on attitudes towards surveillance', in Kevin Haggerty and Richard Ericson, eds, *The New Politics of Surveillance and Visibility,* Toronto: University of Toronto Press.

Marx, Gary T. and Nancy Reichman (1984) 'Routinizing the discovery of secrets', The American Behavioral Scientist, 27:4, 423-52.

Mattelart, Armand (2007) *La globalisation de la surveillance*, Paris: La Decouverte.

Mehler, Andreas (2004) 'Oligopolies of violence in Africa south of the Sahara', *Nord-Sud Aktuell,* 18:3, 539-48.

Mehmood, Taha (2008) 'India's new ID card: Fuzzy logics, double meanings and ethnic ambiguities', in Colin J. Bennett and David Lyon, eds, *Playing the Identity Card: Surveillance, Security and Identification in Global Perspective,* London and New York: Routledge.

Milone, M.G. (2001) 'Biometric surveillance: Searching for identity', *The Business Lawyer*, 57:1, 497-513.

Mosco, Vincent (2004) *The Digital Sublime: Myth, Power and Cyberspac*e, Cambridge, MA: MIT Press.

Muller, Benjamin (2004) '(Dis) Qualified bodies: Securitization, citizenship and identity management', *Citizenship Studies*, 8:3, 279-94.

Murakami Wood, David, David Lyon and Kiyoshi Abe (2007) 'Surveillance in urban Japan: A critical introduction', *Urban Studies,* 44:3, 551-68.

Murray, Heather (2007) 'Monstrous play in negative spaces: Illegible bodies and the cultural construction of biometric technology', *The Communication Review*, 10:4, 347-65.

National ID (2005) 'Survey Part One: National ID – Europe', *Biometric Technology Today*, October, available at *www.sciencedirect.com/science?_ob=ArticleURL&_udi=B6W70-4PMSV7V-M&_user=10&_rdoc=1&fmt=&orig=search&_sort=d&view=c&_acct=0000050221&_version=1&_urlVersion=0&_userid=10&md5=baefaab9073f8032fd3fa6be18332706*, accessed 2 January 2009.

NECCC (2002) *Identity Management: A White Paper*, New York: The National Electronic Commerce Coordinating Council.

Nelkin, Dorothy and Lori Andrews (2003) 'Surveillance creep in the genetic age', in David Lyon, ed., *Surveillance as Social Sorting*, London and New York: Routledge.

Noiriel, Gerard (1996) *The French Melting Pot: Immigration, Citizenship and National Identity*, Minneapolis: University of Minnesota Press.

Norris, Clive (2006) Expert Report: Criminal Justice, in *A Report on the Surveillance Society*, London: Office of the Information Commissioner.

O'Harrow, Robert (2005) *No Place to Hide*, New York: Free Press.〔ロバート・オハロー『プロファイリング・ビジネス：米国「諜報産業」の最強戦略』中谷和男訳，日経ＢＰ社，2005〕

O'Neil, Patrick (2005) 'Complexity and counter-terrorism: Thinking about biometrics', *Studies in Conflict and Terrorism*, 28, 547-66.

OECD (2004) *The Security Economy*, Paris: OECD.

Ogasawara, Midori (2008) 'A tale of the colonial age or the banner of a new tyranny: National identification card systems in Japan', in Colin J. Bennett and David Lyon, eds, *Playing the Identity Card: Surveillance, Security and Identification in Global Perspective*, London and New York: Routledge.

Parenti, Christian (2003) *The Soft Cage: Surveillance in America from Slavery to the War on Terror*, New York: Basic Books.

Piazza, Pierre and Laurent Laniel (2008) 'The INES biometric card and the politics of national identity assignment in France', in Colin J. Bennett and David Lyon, eds, *Playing the Identity Card: Surveillance, Security and Identification in Global Perspective*, London and New York: Routledge.

Poster, Mark (2005) 'Hardt and Negri's information empire: A critical Response', *Cultural Politics*, 1:1, 101-17.

Pridmore, Jason (2008) Loyal Subjects? Consumer Surveillance in the Personal Information Economy. PhD dissertation, Queen's University, Kingston, Ontario.

Pridmore, Jason and David Lyon (2007) 'Customer relationship management as surveillance', unpublished paper, The Surveillance Project, Queen's University, Kingston, Ontario.

Privacy International (2004) Report on Biometrics, available at *www.privacyinternational.org/article.shtml?cmd%5B347%5D=x-347-62397*, accessed 2 January 2009.

Pugliese, Joseph (2005) '*In silico* race and the heteronomy of biometric proxies: Biometrics in the context of civilian life, border security and counter-terrorism laws', *The Australian Feminist Law Journal*, 23, 1-32.

Putra, Budi (2006) 'HP proposes a national identity system in Indonesia', Asia Cnet. com, 3 November, available at *asia.cnet.com/blogs/toekangit/post.htm?id=61964396*, accessed 23 December 2008.

Raab, Charles (2005) 'Perspectives on "personal identity"', *BT Technology Journal*, 23:4, 15-24.

Ricoeur, Paul (1992) *Oneself as Another*, Chicago: University of Chicago Press.〔ポール・リクール『他者のような自己自身』久米博訳，法政大学出版局，1996〕

Rose, Nikolas (1999) *Powers of Freedom*, Cambridge and New York: Cambridge University Press.

Rotenberg, Marc (2006) 'Real ID, real trouble?', *Communication of the ACM*, 49:3,128.

Ruggiero, Kristin (2001) 'Fingerprinting and the Argentine plan for universal identification in the late nineteenth and early twentieth centuries', in Jane Caplan and John Torpey, eds, *Documenting Individual Identity*, Princeton: Princeton University Press.

Rule, James B. (1973) *Private Lives, Public Surveillance*, London: Allen Lane Press.

Salter, Mark (2003) *Rights of Passage: The Passport in International Relations*, Boulder, CO: Lynne Rienner Publishers.

Salter, Mark (2004) 'Passports, mobility and security: How smart can the border be?', *International Studies Perspectives*, 5, 71-91.

Salter, Mark (2008) 'The global airport: Managing speed, time, space and security', in Mark Salter, ed., *Politics at the Airport*, Minneapolis: University of Minnesota Press.

Scott, James (1998) *Seeing Like a State: How Certain Schemes to Improve the Human Condition Have Failed*, New Haven: Yale University Press.

Sengoopta, Chandak (2003) *Imprint of the Raj*, London: Macmillan.〔チャンダック・セングープタ『指紋は知っていた』平石律子訳，文春文庫，2004〕

Sengupta, Shuddhabrata (2003) 'Signatures of the Apocalypse', Mute, 3 July, available at *www.metamute.org/en/Signatures-of-the-Apocalypse/*, accessed 19 December 2008.

Shearer, David (2004) 'Elements near and alien: Passportization, policing and identity in the Stalinist state 1932-1952', *The Journal of Modern History*, 76, 835-81.

Simmel, Georg (1950) 'The Stranger', in *The Sociology of Georg Simmel*, ed. K.H. Wolff. Glencoe, IL: Free Press.〔ゲオルク・ジンメル『社会学』下巻、居安正訳、所収「異郷人についての補説」白水社、1994および『ジンメル・コレクション』北川東子ほか編訳、所収「補論：よそ者について」ちくま学芸文庫、1999〕

Singel, Ryan (2008) 'New Real ID rules to shut down nation's airports in May?', Wired, 11 January, available at *blog.wired.com/27bstroke6/2008/01/new-real-id-rul.html*, accessed 5 January 2009.

Spencer, Nick (2004) *Asylum and Immigration: A Christian Perspective on a*

Polarised Debate, Milton Keynes: Paternoster Press.

Stalder, Felix (2002) 'Failures and successes: Notes on the development of electronic cash', *The Information Society*, 18:3, 209-19.

Stalder, Felix and David Lyon (2003) 'ID cards and social classification', in David Lyon, ed., *Surveillance as Social Sorting: Privacy, Risk and Digital Discrimination*, London and New York: Routledge.

Stanton, Jeffrey M. (2008) `ICAO and the biometric RFID passport: History and analysis', in Colin J. Bennett and David Lyon, eds, *Playing the Identity Card: Surveillance, Security and Identification in Global Perspective*, London and New York: Routledge.

Staples, William G. (2000) *Everyday Surveillance: Vigilance and Visibility in Postmodern Life*, Lanham, MD: Rowman and Littlefield.

Statewatch (2005) 'EU: Biometrics - from visas to passports to ID cards', available at *www.statewatch.org/news/2005/jul/09eu-passports-id-cards.htm*, accessed 17 December 2008.

Suchman, Lucy (1993) 'Do categories have politics?', *Computer Supported Cooperative Work*, 2:3, 177-90.

Szreter, Simon (2007) 'The right of registration: Development, identity registration, and social security --- a historical perspective', *World Development*, 35:1, 67-86.

Taylor, Charles (1994) 'The politics of recognition', in Amy Guttman, ed., *Multiculturalism: Examining the Politics of Recognition*, Princeton: Princeton University Press.〔チャールズ・テイラーほか著，エイミー・ガットマン編『マルチカルチュラリズム』佐々木毅，辻康夫，向山恭一訳，岩波書店，1996/2007〕

Taylor, John, Miriam Lips and Joe Organ (2007) 'Information-intensive government and the layering and sorting of citizenship', *Public Money and Management*, 27:2, 161-4.

Torpey, John (1998) 'Coming and going: On the state monopolization of the "legitimate means of movement"', *Sociological Theory*, 16:3, 239-59.

Torpey, John (2000) *The Invention of the Passport: Surveillance, Citizenship and the State*, Cambridge and New York: Cambridge University Press.〔ジョン・トーピー『パスポートの発明：監視・シティズンシップ・国家』藤川隆男監訳，法政大学出版局，2008〕

Torpey, John (2001) 'The Great War and the birth of the modern passport system', in Jane Caplan and John Torpey, eds, *Documenting Individual Identity*, Princeton: Princeton University Press.

Turner, Bryan, ed. (1993) *Citizenship and Social Theory*, London: Sage.

Uvin, Peter (1997) 'Prejudice, crisis and genocide in Rwanda', *African Studies Review*, 40:2, 91-115.

van der Ploeg, Irma (1999) 'The illegal body: "Eurodac" and the politics of biometric identification'. *Ethics and Information Technology*, 1:4, 295-302.

van der Ploeg, Irma (2005) *The Machine-Readable Body*, Maastricht: Shaker.

Vila, Pablo (2000) *Crossing Borders, Reinforcing Borders: Social Categories,*

Metaphors and Narratives on the US-Mexican Frontier, Austin: University of Texas Press.

Volf, Miroslav (1996) *Exclusion and Embrace: A Theological Exploration of Identity,* Otherness and Reconciliation, Nashville, TN: Abingdon.

Webb, Maureen (2007) *The Illusion of Security: Global Surveillance and Democracy in a Post-9/11 Era,* San Francisco: City Lights.

Weizman, Eyal (2007) *The Hollow Land: Israel's Architecture of Occupation*, London: Verso.

Wickins, Jeremy (2007) 'The ethics of biometrics: The risk of social exclusion from the widespread use of electronic identification', *Science and Engineering Ethics,* 13, 45-54.

Wilson, Dean (2006) 'Biometrics, borders and the ideal suspect', in Sharon Pickering and Leanne Weber, eds, *Borders, Mobility and Technologies of Control*, Berlin: Springer-Verlag.

Wilson, Dean (2008) 'Australian biometrics and global surveillance', *International Criminal Justice Review,* 17:3, 207-19.

Winner, Langdon (2002) 'Complexity, trust and terror', *Tech Knowledge Revue, 3:1, available at www.netfuture.org/2002/Oct2202-137.html*, accessed 23 December 2008.

Wright, David, Serge Gutwirth, Michael Friedewald, Elena Vildjiounaite and Yves Punie, eds (2007) *Safeguards in a World of Ambient Intelligence*, New York: Springer.

Zedner, Lucia (2003) 'Too much security?', *International Journal of the Sociology of Law,* 31, 155-84.

Zedner, Lucia (2007) 'Fixing the future? The precautionary principle as security technology', paper presented at Technologies of In/Security, Oslo University, April.

Zedner, Lucia (2008) 'Epilogue: The inescapable insecurity of security technologies?', in Katja Frank Aas, Helene Oppen Gundhus and Heidi Mork Lomell, eds, *Technologies of InSecurity: The Surveillance of Everyday Life,* New York and London: Routledge.

Zureik, Elia (2001) 'Constructing Palestine through surveillance practices', *British Journal of Middle Eastern Studies,* 8:2, 205-8.

Zureik, Elia, Lynda Harling-Stalker, Emily Smith, David Lyon and Yolande E. Chan (forthcoming) *Privacy and Surveillance: International Survey*, Montreal and Kingston: McGill-Queen's University Press.

Zureik, Elia with K. Hindle (2004) 'Governance, security and technolgy: The case of biometrics', *Studies in Political Economy*, 73, 113-37.

Zureik, Elia and M. Salter (eds) (2005) *Global Surveillance and Policing: Borders, Security and Identity,* Cullompton, UK: Willan.

Zureik, Elia with Emily Smith, Lynda Harling-Stalker and Shannon Yurke (2006) 'International surveillance and privacy opinion research', The Surveillance Project,

Queen's University, Kingston, Ontario, 13 November, *www.surveillanceproject.org/research/intl_survey/*, accessed 31 December 2008.